国家社会科学基金重大委托项目

“蒙古族源与元朝帝陵综合研究”

（批准号 12@ZH014）

学 术 成 果

张久和　刘国祥　主编

中国古代北方民族史

库莫奚卷

王丽娟　著

科学出版社
北　京

内 容 简 介

库莫奚是中国古代北方民族，自北朝时期见载于文献至元代以后湮没于史，主要活动于今内蒙古西拉木伦河与老哈河流域。本书主要对库莫奚的基本资料、研究状况、族源、政治军事形态、经济类型和生活方式、库莫奚与中原政权及周边民族的关系、文化习俗等方面做了具体研究，并在一些问题上提出自己的学术观点。是国内外第一部系统全面研究库莫奚历史的学术专著。

本书适合于从事历史学、考古学、民族学等方面的专家、学者以及对北方民族史感兴趣者参考阅读。

图书在版编目（CIP）数据

中国古代北方民族史. 库莫奚卷 / 张久和，刘国祥主编；王丽娟著. —北京：科学出版社，2021.8

ISBN 978-7-03-069017-3

Ⅰ.①中… Ⅱ.①张… ②刘… ③王… Ⅲ.①古代民族－民族历史－华北地区 ②奚（古族名）－民族历史 Ⅳ.① K289

中国版本图书馆 CIP 数据核字（2021）第 110426 号

责任编辑：孙 莉 雷 英 王琳玮 / 责任校对：邹慧卿
责任印制：吴兆东 / 封面设计：张 放

科学出版社 出版
北京东黄城根北街 16 号
邮政编码：100717
http://www.sciencep.com
北京厚诚则铭印刷科技有限公司印刷
科学出版社发行 各地新华书店经销
*
2021 年 8 月第 一 版 开本：720×1000 1/16
2024 年 4 月第三次印刷 印张：10 3/4
字数：217 000

定价：128.00 元

（如有印装质量问题，我社负责调换）

《中国古代北方民族史》工作组

组　　长：刘国祥　白劲松

副 组 长：孙　莉　陈桂婷　王　珏　冯　科

成　　员（以姓氏笔画为序）：

于伯乐　于昊申　王　苹　王石雨　王东风

田彦国　白志强　邝漫华　任　翔　刘玉莹

刘旭东　刘江涛　孙　冰　宋岩金　张　宇

张克成　林　睿　哈　达　姜天华　栗媛秋

曹　磊　康准永　雷　英　燕云辉

作者简介

王丽娟，女，毕业于内蒙古大学。历史学博士。中国人民大学历史学院博士后。现为内蒙古大学历史与旅游文化学院副教授。硕士研究生导师。研究方向为北方民族历史与考古，主攻库莫奚历史研究。在国内外学术刊物上公开发表论文20余篇，参与撰写《内蒙古民族关系史》等著作多部。主持完成中国博士后科研基金面上资助项目“奚族的考古发现与研究”。现主持国家社会科学基金青年项目“奚族碑刻的整理与研究”。参与国家社会科学基金重大项目“东胡系民族历史文献的整理与研究”子课题“契丹、库莫奚历史文献的整理与研究”。

北方民族史是中国历史的有机组成部分

——《中国古代北方民族史》（代序）

张久和　刘国祥

《中国古代北方民族史》（十卷本）经过策划、组织、研究和编辑工作，即将付梓。这是倡导者、组织者、研究者和编辑者诸同仁共同努力的结晶。面对多年来北方民族史领域丰富的学术成果，选择十个民族、按照大体一致的体例进行进一步的系统研究，力求在学术上有所推进，这对每一位研究者都具有很强的挑战性。今天，我们怀着惴惴之心把十部书稿呈送于学界，以求在学术难点、值得深度研讨的问题等方面引发更为深入的思考，探求更为全面、更为系统的学术研究途径，以期共同推进中国古代北方民族史的研究。

长期以来，前辈学者对中国古代北方民族史的研究取得了丰硕成果。中国国内，马长寿先生《乌桓与鲜卑》、林幹先生《匈奴通史》、田余庆先生《拓跋史探》、周伟洲先生《敕勒与柔然》、段连勤先生《丁零、高车与铁勒》、薛宗正先生《突厥史》等论著，基本都是以族别史体例研究北方民族史的力作，解决了许多悬而未决的问题，探寻出一些值得借鉴的研究方法，启迪着学者们的思路。1977 年由内蒙古自治区蒙古语文历史研究所历史研究室、内蒙古大学蒙古史研究室编写出版的《中国古代北方各族简史》，2003 年林幹先生的《中国古代北方民族通史》，在北方民族的通史性成果方面具有开创性。其他国家和地区的学者也向学界奉献了学术亮点独特的论著。法国汉学家德吉涅《匈奴、突厥、蒙古及其他西方鞑靼人通史》、英国学者巴克尔《鞑靼千年史》、法国史家勒内·格鲁塞《草原帝国》等著作，均涉及多个欧亚草原游牧民族的历史。

近些年来，随着改革开放各项文化事业的蓬勃发展，各族人民日益增长的物质文化、精神文化需求不断提高，对历史的关注度不断强化，北方民族史研究也越来越受到重视，促进了相关研究向前发展。学术成果的积累，科研团队的形成，研究出版经费的保障，为全面系统地研究中国古代北方民族史，编纂和出版北方民族史著作带来了机遇，提供了条件和保证。这部十卷本的《中国古代北方民族史》就是我们的一个初步尝试，付梓之际，诚待学界赐正，并期待对学术发展、社会文化进步有所裨益。

一

中国古代北方民族在广义上是对历史上曾经活动在中国古代北方地区的各个民族的总称；学界也有从狭义上专指以蒙古高原及周边地区为主要活动地域、以游牧业为主要生产生活方式、操阿尔泰语系诸语言的各民族的看法。国内学界一般将其简称为“北方民族”；国外研究者基于不同的认识，称其为“马背民族”“骑马民族”等。从狭义上讲，中国古代北方民族的历史，既包括蒙古族兴起以前的诸北方游牧民族史，又包括古代蒙古史。由于蒙古族兴起后，经过多个世纪的漫长岁月，已经由一个古代民族逐渐发展为现代民族，而且，早期蒙古史一般又与元史、北元—明代蒙古史、清代蒙古史及近现代蒙古史形成了比较完整的研究体系。因此，学界一般就将中国古代北方民族史的研究对象集中在公元前 3 世纪至公元 13 世纪活动在蒙古高原及周邻地区的各个民族，并形成了以族别史为特征又大体可以按照时间顺序研究的北方民族史研究体系。这些古代民族主要涉及匈奴、东胡、乌桓、鲜卑、柔然、敕勒—高车、铁勒、突厥、薛延陀、回鹘（回纥）、黠戛斯、契丹、库莫奚、室韦—达怛等各个游牧民族的历史。至今，学界针对这些民族的研究，已经涉及族源、政治、经济、风俗习惯、文化传承等各个方面，成果颇丰，学术争议点亦较多。而经过对各个民族历史的专题研究，努力寻求中国古代北方民族整体发展的历史规律仍然是有待突破的重点与难点。

中国历代汉文典籍中有关北方民族的历史记载是从事研究的基本史料。《史记》《汉书》《后汉书》《三国志》《晋书》《魏书》《北齐书》《周书》《隋书》《北史》《旧唐书》《新唐书》《旧五代史》《新五代史》《辽史》等纪传体史书，《资治通鉴》《续资治通鉴长编》等编年体史书，《通典》《通志》《文献通考》等典志体史书，《唐会要》《五代会要》等会要体史书，《元和郡县图志》《太平寰宇记》等地理总志以及《太平御览》《册府元龟》等大型类书以及其他体裁的古籍，均保留着与北方民族历史有关的史料。不过，由于各类史籍的成书年代不同，后出史书往往与先成史书有着抄录关系，内容也存在程度不同的沿袭继承；而且，随着历史的发展和情况的变化，后出史书又常常收录了为先成史书所不载的资料，增加了某些新的内容，加大了辨别取舍的难度。另外，各代史家对北方民族资料掌握的多寡不同，取舍角度有别，记述方式有异，所记内容与实际情况可能有一定出入，或存在误记错记等情况，也必须因时、因地、因人，因事详加考辨，方可在不断的研讨中逐步接近真实。尤其值得注意的是，由于历代中原史家不同程度地受到时代、民族、地域、立场和思想文化等诸方面的局限，也在相关文献中反映出对北方民族的歧视和偏见。基于上述，尽可能全面、系统地占有研究北方民族历史的汉文文献史料，并且进行详细比对、辨析，探明史源关系，明确史料价值，摒弃各种偏见，坚持客观评判的标准，在研究北方民族历史工作中显得格外重要。除了汉文史料以外，粟特文、突厥文、回鹘文、契丹文、西夏文、蒙古文、波斯文等文字的文献，多为北方民族记载的其自身的历史活动，有其不同的视角、内容、观点和方法，虽因文字的掌握与识读存在较大的难度，但对于全面深入研究北方民族历史文化却具有独特珍贵价值。中国学界不乏倡导和践行利用多语种文字史料进行综合研究的专家学者。

中国古代历史文献，记载内地王朝史一般都较为系统和丰富，相比之下，同一部古籍中有关北方民族史的史料则显得零散和匮乏。仅以记录北方各民族历史内容最多、最系统、相对可靠的正史即“廿四史”为例，与北方民族有关的史料主要是列传中的各族专传和纪、传、志、表当中的散见史料，系统性与涵盖面均存在误漏，甚至难以成章，形成研究中的诸多难题。因此，除了稽考、辨析、使用文献史料作研究以外，利用考古资料进行北方民族史研究也是学界传统。百余年来，北方民族的物质文化遗存有多少不等的发现，相关资料和研究成果相继发表，程度不同地为研究者提供了难得的研究依据。匈奴遗存主要集中在外贝加尔、蒙古国和中国境内的北方草原地带，发表的考古资料与研究性成果较多。其中，蒙古国境内的诺彦乌拉、高勒毛都，中国境内的桃红巴拉、阿鲁柴登等匈奴墓葬，为研究匈奴历史文化提供了珍贵的实物资料。乌桓的考古学文化虽然没有确论，但学界对夏家店上层文化、井沟子墓地、平洋墓葬、西岔沟墓群的探讨，对探究乌桓史有着重要的参考价值。拓跋鲜卑早期遗存主要集中发现于中国内蒙古呼伦贝尔地区，嘎仙洞遗址，扎赉诺尔、完工、孟根楚鲁、拉布达林墓葬等资料，为研究早期拓跋鲜卑史提供了重要依据。柔然考古学文化虽尚未被正式识别出来，但高昌文书等出土文献与《茹茹造像碑题记》《魏开府仪同长广郡开国高公妻茹茹公主间氏墓志》等碑刻墓志丰富了柔然史资料。重要的突厥卢尼文碑有《暾欲谷碑》《阙特勤碑》《毗伽可汗碑》，与回鹘有关的碑铭有《磨延啜碑》《铁尔痕碑》《九姓回鹘可汗碑》等，在叶尼塞河流域发现的碑刻资料则多与黠戛斯有关。突厥、回鹘、黠戛斯的碑铭资料为研究提供了新的视角和维度，是研究北方民族历史文化的珍贵史料。此外，中蒙联合考古队确定了蒙古国的四方形遗址为回鹘贵族墓地，从而填补了回鹘考古学文化领域的空白，为研究回鹘历史文化提供了宝贵的考古资料。契丹的考古遗存早期以平民墓葬为主，辽朝建立后的耶律羽之家族墓、陈国公主与驸马合葬墓、吐尔基山辽墓、萧贵妃墓等资料，对契丹早期历史文化的研究也有重要参考作用。库莫奚考古目前可以确定的是《大王记结亲事碑》《奚国质子热瓌墓志》等十余通属于奚人的碑刻材料，内容或为史书所未载，或可与文献史料相印证，具有珍贵的史料价值。室韦考古学文化的发现、识别和研究，对于探索蒙古族族源具有重要学术意义。西乌珠尔、谢尔塔拉、岗嘎等墓葬资料的研究与运用，无疑使室韦历史文化的研究内容变得更加充实可靠和丰富多彩，并为蒙古族发祥、兴起于呼伦贝尔提供了确凿证据。总之，与北方民族相关的考古资料，在很大程度上有效地起到了与文献交互印证、补充文献记载之不足、纠正文献记载之错谬的作用。因此，充分结合运用考古资料研究北方民族史，将考古学与历史学密切结合是十分必要的。

先秦时期，北方民族已见载于史册。荤粥、猃狁、诸戎狄与商、周及春秋时期北方诸侯国，东胡、匈奴、林胡、楼烦与战国时期北方的燕、赵、秦诸国均有和战关系，东胡、匈奴、丁零等北方诸民族之间亦关系密切。秦末汉初，匈奴势力强大，东破东胡，西击月氏，北服丁零，控制蒙古高原及其周边，第一次建立了统一中国古代北方地区的游牧政权，与中原政权共同缔造着祖国的历史。东胡被击溃后，溃散的部众分别据保乌桓山和鲜卑山，因山名族，称乌桓、鲜卑。两汉时期，乌桓先后三次南迁，逐步进入中原北部，与汉、鲜卑、匈奴等融合。东汉时期，匈奴衰弱，南匈奴南迁入塞，北匈奴连续遭逢东汉联军攻击，最后远走西域，留下了值得重视的历史文化。蒙古高原上的匈奴余部并入鲜卑，鲜卑由此渐盛，继匈奴之后控制大漠南北，建立了地分东中西三部的部落军事大联盟。联盟瓦解后，鲜卑逐渐分化形成慕容、宇文、段、拓跋、秃发、乞伏诸部。魏晋南北朝时期，各支鲜卑渐次南迁，逐鹿中原，加入到民族大迁徙大融合浪潮之中。慕容、宇文、段、拓跋等部相互征伐，宇文战败，从中分化出契丹、库莫奚二部。同期，鲜卑后裔室韦见于文献著录，与契丹、库莫奚地分南北，活动于东胡及其后裔曾经往来驻牧的地区。吐谷浑自慕容鲜卑分离，迁徙甘青地区，后建立吐谷浑政权，史事绵延，直至唐代。慕容建立前燕、后燕、西燕、南燕，拓跋建立代，秃发、乞伏建立南凉、西秦等区域性政权。匈奴后裔建立有汉、前赵、北凉、大夏等政权。南迁的丁零也建立了翟魏政权。丁零后裔亦以“敕勒”“高车”“铁勒”等名称为史书所记载，分布于漠南漠北。最终拓跋鲜卑建立的北魏统一中国古代北方地区，形成了南北朝对峙格局。同期，东胡苗裔柔然兴起于大漠南北，建立柔然汗国。南北朝末期，随着柔然的衰败，突厥兴起并灭亡柔然，成为蒙古高原霸主，建立突厥汗国，强盛一时。唐初，突厥汗国被唐灭掉，大量突厥民众曾进入内地。后来突厥贵族重新建立游牧政权，再度控制蒙古高原。隋唐时期，铁勒分化出许多大大小小的部落。其中，铁勒部落中的薛延陀、回鹘在反抗突厥统治的过程中逐步强大起来，薛延陀一度建立政权，称雄漠北，后被唐灭亡。回鹘灭掉东突厥后汗国，建立回鹘汗国，与唐朝关系密切，9世纪中期被黠戛斯击溃。隋唐时期，进入中原的鲜卑逐渐融合于汉族以及各族之中。契丹与奚在突厥、回鹘不断衰落的过程中日益强大起来。唐末，契丹最终兼并奚、室韦等周边各族，随后在五代政权的更迭中得到燕云十六州之地，建立了与北宋对峙的辽朝政权。与蒙古族源关系密切的室韦各部，在唐代又被诸突厥语族部落称为达怛，并为唐朝中原人接受。蒙古族的祖先部落“蒙兀室韦”首见《旧唐书》记载，“蒙兀”是“Mongghol”（蒙古）的最早汉字译写形式。蒙古族发祥于今内蒙古额尔古纳河下游东南。唐朝中期以后，室韦—达怛诸部乘回鹘汗国衰亡之机，陆续西迁蒙古高原核心地带，或南迁至中原北部边塞。不难看出，在数千年的历史长河中，在中国古代北方地区，各个民族名号不断更换，政权轮番交替，与中原的往来绵延不绝、从未间断。辽金时期，与蒙古族有渊源关系的各部逐步壮大。至13世纪前后，在语言、地域、文化和经济生活上具有共同性的蒙古高原诸部具备了形成新的古代民族共同体的条件。1206年，铁木真统一蒙古高原诸部，在继承众多北方民族长期分化和融合历史的基础上，以室韦—达怛部落为核心和主要成分，吸收契丹等蒙古语族和回鹘等突厥语族部落，建立了大蒙古国（Yeke Mongghol Ulus）。至此，蒙古高原上大大小小的部落和民族兴衰演替的历史始告结束，各有名号的部落、民族统一在了“蒙古”名下[①]，古代蒙古民族共同体初步形成。蒙古族成为北方民族历史文化的集大成者，掀开了中国历史的新篇章。

北方民族以畜牧、狩猎为生业，“游牧”是其经济形态，“行国”是其政治表征。游牧经济比较脆弱，更多地依赖于自然环境和气候条件，迫切需要农副产品作为生产、生活的补充；农耕经济以定居为主，也十分需要游牧经济产品。游牧与农耕经济之间的差异性、互补性，导致双方谁也离不开谁，形成了互相依存、互相促进的格局。和平时期，官方、民间贸易交换频繁，各取所需；对峙争锋阶段，双方的战争也往往是经济因素在起着诱因和主导作用。许多时候，北方游牧民族及其政权更看重经济利益，更多地从经济角度出发制定策略，采取政治、军事行动；中原农耕民族及其政权包括入主中原的北族政权则常以中心、正统自居，更看重政治名分。经济发展的内在动力，使繁衍生息于蒙古高原及其周边地区的北方民族，掀起了一波又一波的向中原地区的南迁、南进运动，先后建立了统治区域大小不等的政权，与中原农耕民族发生了密切的政治、经济、社会和文化联系。匈奴、柔然、突厥、回鹘、契丹、蒙古等

① 亦邻真：《中国北方民族与蒙古族族源》，《内蒙古大学学报》1979年第3、4期。

建立的政权，打通了欧亚大陆草原世界，使得各民族之间的经济文化交流更为频繁，更为广泛，其历史不但是中国历史的有机组成部分，并且也成为亚洲史、欧洲史的研究内容。鲜卑、契丹、蒙古等民族更是建立了囊括中国古代北方地区和中原地区的政权，或统治中国古代北方，或实现了全国大一统，直接把游牧和农耕两种文化融汇在一起，你中有我，我中有你，互相认同，在深刻地改变和创造中国历史的同时，也在潜移默化地改变和重塑着自己。

史实证明，在中国历史上的各个时期，都有北方民族程度不同地参与到创造中国多元历史文化的进程之中，印证了中国的历史是由各民族共同创造的发展规律。

二

中国古代北方民族史历来备受国内外学术界的重视，论著颇丰。但是，由于研究者所处时代不同，立场、价值观、研究方法等有别，加之资料匮乏，今天看来，有些成果多带有时代的烙印，存在争议而尚未解决甚至难以解决的问题较多，在一些具体问题上形成了许多不同的观点，也构建了某些不同的话语体系。近代以来，由于中国陷入半封建半殖民地社会深渊，国家影响力大幅度降低，历史学研究的环境、条件、人才等均遭受到严重的桎梏与影响，在北方民族史研究领域的话语权逐步弱化。与此形成鲜明对比的是，19 世纪末以来，西方和日本学界对于中国古代北方民族史的研究日趋深入，其理论方法和研究成果迭出，形成了多种话语体系并存的局面。在试图阐释中国古代北方民族历史进程的时候，对国外学界的相关说法予以关注和述评，明确我们的初步认识和看法，是十分必要的。

（一）西方汉学与“内亚史观”

19 世纪末 20 世纪初，传统汉学在西方逐渐转化为一门独立学科。法国学者沙畹（Édouard Émmannuel Chavannes）将汉文文献与西方实证主义史学相结合，使汉学逐渐发展成为现代化的专门学科。伯希和（Paul Eugène Pelliot）结合文献学与历史比较语言学，发展了历史语言学考证法，沿用了欧洲早期汉学家惯用的“高地亚洲”（la Haute Asie）概念，并将地中海、印度与中国中原地区之间七八百万平方千米的广阔“弓形”地域统称为“中央亚细亚”（Central Asia），认为“中央亚细亚”既是地中海世界、印度与中国中原地区之间的地理屏障，又是这三个文明中心之间的联系纽带，彼此之间联系与影响的程度虽因历史变迁有所差异，但从未间断[①]。

塞诺（Denis Sinor）在“高地亚洲”概念基础上提出了大体相同于中央欧亚（Central Eurasian）的“内亚”（Inner Asia）理论，他将中央欧亚视为一个不同于周边文明板块的独立的文明区域，其中又可以根据自然环境、经济生活和语言文化的差异，划分出若干的亚文化类型。游牧生产生活方式是这些类型中最为成功的一种[②]，而不同的亚文化类型在历史进程中逐渐向趋同性发展。中央欧亚在大多数历史时期都是挑战欧亚各大文明的“蛮族”的活动舞台，“传统文明的承载者与来自内亚的蛮族之间的冲突对抗与交流互动，构成了理解人类历史发展的一条基本主线”[③]。

美国学者傅礼初（Joseph F. Fletcher）是内亚史观的代表人物之一。语言上的优势使他能够打破汉学、阿尔泰学与伊斯兰学之间的藩篱，站在“全史”（Integrative history）的角度来审视内亚在世界历史中的地位和作用，进而总结内亚游牧帝国演变转型的规律性问题。而对20世纪中后期现代社会学、政治学、人类学等社会科学理论的吸收，则进一步促使其从宏观上思考欧亚大陆各地区历史发展的趋同性与合流性问题。他认为，历史现象中存在“关联性”（interconnections）与“延续性”（continuties）现象，而要认识这两种现象，就必须先要对不同地域之间的社会、经济、文化等领域的平行性现象进行研究，考察其内在联系，

① 〔法〕伯希和：《高地亚洲》，耿世民译，《民族史译文集》第6辑，中国社会科学院民族研究所，1978年，第1—3页。

② 〔美〕丹尼斯·塞诺：《论中央欧亚》，《丹尼斯·塞诺内亚研究文选》，中华书局，2006年，第5页。

③ 钟焓：《重释内亚史——以研究方法论的检视为中心》，社会科学文献出版社，2017年，第3页。

归纳出欧亚大陆人类社会的整体发展趋势[①]。

拉铁摩尔（Owen Lattimore）也是20世纪美国著名的内亚史学者，在塞诺提出“内亚”理论之前，拉铁摩尔已在对中国北方田野调查与文献研究的基础上形成了“中国边疆理论”。拉氏关注的“内亚”仅限于当时中国境内的蒙古、东北、新疆、西藏四个地区，并没有后来塞诺所认为的那样广阔。他将中国的这四个边疆地区视作各自具有独立地理环境、社会、经济和政治特征的有机整体，建立了一套历史学与历史地理学、社会生态学相结合的理论体系，用以探究每个边疆地区内部的机制特性，进而考察每个地区与中原地区的关系特征[②]。拉氏认为，特定的地理环境决定了每一边疆地区的经济形态，进而在经济形态上产生出不同的社会与政治形态。

“内亚史观”从北方民族和内陆边疆的视角来审视欧亚大陆历史的变迁与发展，对于习惯了从中原王朝视角看待内陆边疆与北方民族的中国传统史学来说具有启发和借鉴意义，从方法上讲，有助于推动北方民族史研究的发展。但“内亚史观”片面强调内陆亚洲在地理环境、经济生活、政治传统、文化习俗等方面的独特性、差异性和连续性，罔顾中国古代北方地区与中原地区、北方游牧民族与中原农耕民族之间长期密切的政治、经济、文化联系，淡化双方的共同性和相互影响、互相依存、彼此交融的历史事实，忽视北方游牧民族对中原地区的向心力与相互认同的历史事实，刻意构建“内陆亚洲”文化本位和独立的“内亚体系”“内亚传统”，一定程度上存在解构中华民族多元一体民族观和统一多民族国家观的意图。对此，我们应当有清醒认识。在研究中，要把握中国古代北方民族史与所谓“内亚”民族史的本质区别、中国古代北方民族史与中华民族多元一体格局历史发展的内在有机联系和多民族共同创造中国历史的大原则。

---

① Joseph F. Fletcher. Integrative history: parallels and interconnections in the early modern period, 1500-1800［《全史：论早期近代（1500—1800）的平行化与关联性》］. Studies on Chinese and Islamic Inner Asia. Variorum Ashgate Publishing Limited, 1995, pp.1-35.

② 〔美〕拉铁摩尔著，唐晓峰译：《中国的亚洲内陆边疆》，江苏人民出版社，2010年，《译者的话》第2页。

（二）日本的“东洋史学”

日本明治维新后，国力迅速增长，在“脱亚入欧”思潮影响下，开始向西方列强学习，走上了对外侵略扩张的道路。为了服务其政治需求，以中国、朝鲜等东亚或东北亚国家的历史、地理、文化等为主要研究对象的所谓“东洋史学”应需而兴，而且，与军事侵略目标相关联，提出了一系列论调，在北方民族史研究领域形成了殖民色彩浓郁的“东洋史学”话语体系。

白鸟库吉等人以兰克学派的实证主义为指导，在研究过程中注重文献考证与实地调查有机结合，形成了“东洋史学东京文献学派”，其学术成果在一定程度上促进了北方民族史研究的进一步深入。然而，为日本帝国主义殖民扩张服务的主要目的，却使其论著体现出了强烈的政治意图和鲜明的殖民主义色彩。

白鸟库吉等人着意构建了“满鲜史观”，提出了“间空地论”与“南北二元对抗论”。“满鲜史观”的本质即“满鲜一体论”。认为“满洲”与朝鲜半岛在历史上种族相同，文化习俗与宗教信仰相近，是一个不同于中国内地的独立的历史地理单位[①]。“间空地”系指三方势力处于均衡态时的缓冲地带，一旦这种均衡态被打破，“间空地”便会被实力相对强大的一方所占据[②]。在“满洲”和朝鲜半岛的历史上曾多次出现过“间空地”，而这些“间空地”实质上是“无主之地”，不属于中国和朝鲜任何一方[③]。可以看出，所谓的“间空地论”实际上是在为日本侵占中国东北和朝鲜半岛提供“历史依据”和“学理依据”。

“南北二元对抗论”的核心含义，则是人为地将中国古代北方游牧民族与中原汉族割裂开来。认为历史上的匈奴、夫余、肃慎、乌桓、鲜

---

① 〔日〕旗田巍：《満鮮史の虚像》，《日本人の朝鮮観》，勁草書房，1969 年，第 138 頁；〔日〕稲葉君山：《満鮮不可分の史的考察》，《支那社会史研究》，大鐙閣，1922 年，第 299 頁。

② 张文静：《〈满洲历史地理〉的学术特征及观点倾向》，《史学集刊》2015 年第 4 期。

③ 〔日〕白鳥庫吉：《白鳥庫吉全集》第十卷，岩波書店，1971 年，第 152、153 頁；〔日〕白鳥庫吉監修，箭内亙、稲葉岩吉、松井等：《滿洲歷史地理》第一卷，南滿洲鉄道株式会社，1913 年，第 44、45、81 頁。

卑、室韦、柔然、突厥、契丹、蒙古都是与汉族敌对的“外族”或“外国”，整个东亚大陆的历史就是以长城为界的中原汉族与北方民族对抗的历史①。这种论调将“汉地”等同于“中国”,刻意突出南北民族间的对抗史，而对各族关系发展中在时间、空间占主要地位的封贡、和亲、互市等和平交流史视若不见。

日本的矢野仁一是“东洋史学京都学派”的代表性人物，主要致力于中国近现代史的研究，是日本中国近现代史研究的重要开创者。在为日本帝国主义侵华提供“理论依据”方面，矢野比白鸟等人更加积极，也走得更远。从20世纪20年代开始，他先后发表了《支那无国境论》《满蒙藏非支那本来领土论》《支那非国家论》《历史上满洲的支那主权无根据论》《日本在满蒙的正当地位》等一系列文章，公开鼓吹“满蒙非中国论”“长城以北非中国论”“中国非国论”等谬论。在矢野搭建的体系中，中国领土的形成是近代以来列强与清政府交涉的结果，古代中国并没有明确的领土和边境概念，中央政府实际能够控制的领土大多局限在长城以内。矢野的这套理论不仅为日本帝国主义侵华提供了“合理”依据，还妄图解构中国各族人民的国家认同，瓦解抗日斗志，进而达到分裂中国，各个击破的目的，可谓阴毒至极。

20世纪初期，日本史学界为了配合日本军国主义侵略扩张和殖民目的而形成的赤裸裸的话语表述，虽然已经随着时代变迁、社会进步而寿终正寝，但是其论调的变种仍不绝于世，应该引起学界的重视。

（三）泛突厥主义

19世纪后期，为反抗沙皇俄国的民族压迫并与“泛斯拉夫主义”运动相抗衡，“泛突厥主义”思潮在沙俄境内的突厥语族人群中兴起。克里米亚的鞑靼人伊斯梅尔·迦斯普林斯基（Ismail Gasprinskiy）将近代西方历史比较语言学概念中的“阿尔泰语系突厥语族”等同于“突厥民族”，人为创造出了一个在现实世界中并不存在的民族，并试图将沙俄境内的突厥语族人群联合起来。泛突厥主义思潮兴起后，很快传入面临崩溃边

① 〔日〕白鳥庫吉監修，箭内亙、稲葉岩吉、松井等:《滿州歷史地理》第一卷，第32、189、199、219、220頁。

缘的奥斯曼帝国。被称为“土耳其泛突厥主义之父”的兹亚·乔加勒普（Ziya Gokalp）设想将亚得里亚海至日本海这片广阔地域上的所有突厥语人群统一起来，建立一个“大图兰”国家，这便是所谓的“大图兰主义”。1923 年，兹亚·乔加勒普的《突厥主义原理》问世，提出了“三步走实现突厥民族政治联合”的主张[①]。

泛突厥主义形成后不久，便与泛伊斯兰主义一道通过俄国鞑靼人和奥斯曼土耳其人传入中国新疆地区，催生出了新疆分裂主义。20 世纪三四十年代，混乱的时局和外部势力的推波助澜使得泛突厥主义和分裂主义思想在新疆地区大行其道，不但产生了《东突厥斯坦历史》这种新疆分裂主义的代表作，还先后出现了“东突厥斯坦伊斯兰共和国”“东突厥斯坦共和国”两个分裂政权。虽然最终都归于失败，但是却扩大了新疆分裂主义的影响。中华人民共和国成立后，泛突厥主义和新疆分裂主义一度得到有效遏制，几乎销声匿迹。但是改革开放后，随着对外联系和交往的日益增多，泛突厥主义和新疆分裂主义再度沉渣泛起，而且呈现出一些新的现象[②]。在“理论”层面,《匈奴简史》《维吾尔人》《维吾尔古代文学史》等一系列宣扬“维吾尔斯坦一贯独立论”的著作陆续出版。在实践层面，“东伊运”“世维会”等恐怖组织先后组建，并在新疆等地制造了多起暴力恐怖事件，对中国国家安全和新疆各族人民的生命财产造成了严重危害。

历史上的“突厥”，主要是指 6—8 世纪活跃在中国古代北方地区的青突厥人，曾以蒙古高原为主要地域建立过东突厥汗国。但随着 745 年东突厥后汗国的灭亡，突厥人在之后的漫长岁月中逐渐与其他民族融合，“突厥”已经成为一个历史名词。9 世纪以后，出现于欧洲、阿拉伯文献中的“Turk”（汉译为“突厥”）实际上泛指阿尔泰语系突厥语族游牧人，并无民族学上的确切含义[③]。泛突厥主义既无历史依据，又无现实基础，其人为制造的所谓“突厥民族”与中国古代北方地区的青突厥人没有任

---

① 张玉艳：《泛突厥主义在土耳其的由来与发展》,《国际政治研究》2019 年第 5 期。

② 张玉艳：《新疆分裂主义中的突厥因素研究》，兰州大学博士学位论文，2015 年，第 225、226 页。

③ 亦邻真：《成吉思汗与蒙古民族共同体的形成》,《内蒙古大学学报》1962 年第 1 期。

何民族学上的联系和继承关系，维吾尔族祖先回鹘人与突厥人也没有直接历史源流关系。泛突厥主义完全是19世纪末以来俄罗斯、土耳其等国突厥语族人群中的所谓精英分子，基于唯心史观和历史虚无主义、民族沙文主义的痴心妄想，其“大图兰联邦”的诉求更与现代以主权国家为主体的国际社会格格不入，没有任何实现的可能性。泛突厥主义传入中国后，则演变为分裂主义分子用来谋求新疆独立的工具，并于20世纪90年代后呈现出日益极端化、恐怖主义化的特征。对于泛突厥主义及其各类衍生变种的巨大危害，我们务必要认识明确，高度警惕，并做好与其进行长期不懈斗争的准备。

（四）征服王朝论

1949年，美籍德裔学者魏特夫（Karl August Wittfogel）在与中国学者冯家昇合著的《中国辽代社会史（907—1125）》[History of Chinese Society, Liao（907-1125）]总述中提出了“征服王朝论”。魏氏将中国历史上的王朝，按照社会文化形态划分为“典型中国朝代”和“征服与渗透王朝”。其中，“典型中国朝代”包括秦、两汉、魏、两晋、南朝、隋、唐、两宋、明。十六国诸政权、北朝、辽、金、元、清则被定性为“征服与渗透王朝”。而“征服与渗透王朝”又可根据其对汉文化的态度归为两类，第一类是以十六国诸王朝、北魏为代表的“渗透王朝”，这类王朝在华北地区通过以半和平的渗透而建立政权①，它们对汉文化的态度倾向于吸收；第二类为辽、金、元、清四个“征服王朝”，这类王朝以征服部分或全部汉族居住地而建立政权，其对汉文化的态度倾向于抵制。在“征服王朝”内部，又因对汉文化抵制程度的强弱再细分为三个类别，其中辽、元为文化抵抗型，金为文化让步型，清则介于二者之间，为文化过渡型②。在论述这些文化关系时，魏氏引入了人类学中的涵化（Acculturation）概念，认为“征服与渗透王朝”与汉地之间

① 郑钦仁、李明仁译著：《征服王朝论文集》（修订版），稻乡出版社，2002年，第1页。

② 〔美〕魏特夫、冯家昇：《中国辽代社会史（907—1125）总述》，苏国良等译，《征服王朝论文集》（修订版），第51页。

的文化接触会在各种不同的情况中发生，且其接触的程度（Degree）和强度（Intensity）不相同，只要社会没有实现完全融合，文化差异就会一直存在[①]。

征服王朝论经由田村实造等人传入日本之后，在日本史学界引起巨大反响，成为日本北亚史学界的主要研究课题。根据研究领域和观点的不同，大致形成了三种不同的概念。第一种以田村实造、护雅夫、吉田顺一等为代表，他们大体上赞同魏氏的理论，认为金、清与辽、元并列，都是征服王朝，但要将征服王朝放在北亚世界历史发展的进程中加以讨论[②]。北亚世界从游牧社会向农牧社会的体制变化，是游牧社会、国家发展为征服王朝的决定性因素。整个北亚游牧民族史以辽为界，可以划分为游牧国家和征服王朝两个时期，征服王朝是游牧社会、国家发展的一个归结[③]。由于征服部族的北亚属性，征服王朝在政治、军事、经济、文化等方面均呈现出“二元制”的特性。第二种以村上正二为代表。他认为“具有强烈的游牧民的自觉意识（self-consciousness），在其意识之下征服、并统治农耕社会的游牧民王朝”[④]，才能称之为“征服王朝”。而北匈奴、柔然等纯粹的游牧国家以及南匈奴、北魏等渗透王朝都不能发展为征服王朝，只有继承了突厥帝国和回鹘帝国基于同一语言文化意识的强烈的民族文化意识和游牧都城文化传统的辽、蒙古帝国、元等才能发展为征服王朝[⑤]，金、清两个王朝则被排除于征服王朝之外。在征服王朝中，辽朝是二元社会，元朝是更多元的复合社会。第三种的代表人物为岛田正郎。岛田对魏特夫的征服王朝论进行了批判，他认为辽朝不建郊

---

① 〔美〕魏特夫、冯家昇：《中国辽代社会史（907—1125）总述》，苏国良等译，《征服王朝论文集》（修订版），第 11 页。

② 〔日〕田村实造：《中国征服王朝——总括》，李明仁译，《征服王朝论文集》（修订版），第 74 页。

③ 〔日〕护雅夫：《内陆亚世界的展开·总说》，郑钦仁译，《征服王朝论文集》（修订版），第 169 页。

④ 〔日〕村上正二：《征服王朝》，郑钦仁译，《征服王朝论文集》（修订版），第 114 页。

⑤ 〔日〕村上正二：《征服王朝》，郑钦仁译，《征服王朝论文集》（修订版），第 120 页。

丘，不行郊祀，转而将“祭山仪”① 作为国家最重要仪式的做法，是故意对中国王朝政教传统的排斥，故而应当将辽朝置于中国王朝系列之外，视为胡族国家②。

魏特夫试图对中国古代史上的王朝类型提出一种“合理”的解释，但其对中国历代王朝的分类明显是基于中原汉族文化立场的，出发点就是狭隘的，有悖于历史和现实的证据事实。在具体划分过程中，片面地夸大了北方民族王朝“渗透”或“征服”的主导性，与其双向涵化的观点自相矛盾③。故其结论必然是不科学和不能成立的。在日本，征服王朝论则发展出了新的倾向，日本学者更注重从北亚史的视角观察研究征服王朝，并将征服王朝的出现看作是北亚游牧社会历史发展的必然结果。这实际上人为地割断了历史上北方游牧民族与中原汉族之间的密切互动与联系，夸大了游牧社会和游牧经济在历史变迁中的独立性，是对中国社会多元性和统一多民族国家的国家性质的否定。

（五）蒙古地区一贯独立论

“蒙古地区一贯独立论”是20世纪中后期以来在蒙古国兴起的一种有关北方民族的认识和定位的话语体系。该理论认为，蒙古地区从公元前3世纪匈奴兴起时开始，直到21世纪的今天，一贯是独立于中国之外的④。宣扬蒙古地区一贯独立论的主要著作有《关于匈奴的社会制度问题》《匈奴人的经济、社会、文化和族源》等。一些蒙古国学者为了证明“蒙古地区自古以来便是独立的”观点，错误地将匈奴作为蒙古族的族源，认为匈奴、鲜卑、柔然、蒙古等北方民族从种族到经济文化都是一脉相承的，独立地在蒙古高原先后发展起来的。基于此，他们认为，从匈奴单于国、鲜卑部落军事大联盟、柔然汗国到大蒙古国等北方民族政权都

---

① （元）脱脱等：《辽史》卷四十九《礼志一》，中华书局点校本，1974年，第834页。

② 〔日〕岛田正郎：《征服王朝乎？胡族国家乎？》，李明仁译，《征服王朝论文集》（修订版），第232—234页。

③ 李志安：《民族融汇与中国历史发展第二条基本线索论纲》，《史学集刊》2019年第1期。

④ 林幹：《中国古代北方民族史新论》，内蒙古人民出版社，2007年，第52页。

是一贯独立的[①]。

众所周知，蒙古地区在历史上一直是中国的一部分，不同历史时期在蒙古高原上活动的匈奴、鲜卑、柔然、突厥、回鹘、蒙古等都属于中国古代北方民族，这是基本的历史事实。1921 年 7 月，外蒙古在苏俄的支持下事实独立；1946 年 1 月，国民政府承认外蒙古独立，蒙古国从法理上获得了独立地位。可见，蒙古的独立是 20 世纪才发生的事情。不能因为现在的蒙古国是一个独立国家，就认为蒙古地区是一贯独立的，数千年来活动于蒙古高原的北方民族所建立的政权也是一贯独立的。我们采用谭其骧先生确定的以 18 世纪 50 年代至 1840 年期间的清朝版图为历史上的中国范围，出现在漠南漠北的蒙古族及历史上的北方各民族，都是中国古代北方民族，不能因为曾在今天蒙古国之内活动就不算历史上中国的民族。但我们也不反对蒙古国在写他的历史时把这些北方民族写成他的先民[②]。

（六）“新清史”与“大元史”

20 世纪 90 年代以来，美国史学界兴起了反对“汉族中心论”、强调清朝统治与历代汉族王朝的区别为特征的“新清史”，其代表人物有路康乐（Edward Rhoads）、欧立德（Mark C. Elliott）、柯娇燕（Pamela K. Crossley）、罗友枝（Evelyn Rawski）等。欧立德曾对“新清史”的学术观点进行过总结，认为“新清史”最关键的学术主张有三条：一是清史研究必须重视清朝的“内亚维度”（Inner Asian Dimension），强调清朝统治的内亚性质[③]；二是清史研究必须利用满文、蒙古文、藏文、维吾尔文等非汉文资料，尤其是满文资料；三是清史研究必须要有全球视角，立足于全球史语境。从学术研究方法上来讲，“新清史”提倡的充分利用非汉文资料和全球视角是有利于清史研究发展的。但“新清史”片面强调清朝与蒙古、西藏、新疆等地区文化联系的重要性，有意或无意地忽视

① 林幹：《中国古代北方民族史新论》，第 53 页。

② 谭其骧：《历史上的中国和中国历代疆域》，《中国边疆史地研究》1991 年第 1 期。

③ 沈卫荣：《大元史与新清史——以元代和清代西藏和藏传佛教研究为中心》，上海古籍出版社，2019 年，第 214 页。

掩盖满族文化与汉地文化间的密切程度远超前者的历史事实[①]，从而构建清朝“内亚帝国”性质的做法，体现了西方学术界的意识形态偏见和西方的东方主义学术传统的话语霸权。与此同时，日本出现了力图将蒙古族建立的元朝从“古代中国王朝历史”的叙事框架中分离出来，转而把它置于全球史、欧亚史之中，从而形成一种比肩“新清史”的“大元史”叙事模式。元朝和清朝作为中国历史上的正统王朝，其政权和疆域以及多民族的历史文化是由蒙古族、满族、汉族和其他各族人民共同创造的，其统治中国的合法性也受到了当时和后世中国各族人民的普遍认可。因此，将元朝和清朝视为与中国王朝对立的“内亚帝国”缺乏充分的历史依据和法理依据。

通过梳理大略可知，关于 19 世纪末叶以来北方民族史领域的各种西方话语体系，要么是基于现代西方资产阶级立场和现代民族国家价值取向的认知偏差，要么是为帝国主义侵略中国或者分裂分子割裂中国提供的理论依据。虽然主观动机不同，但二者都是不符合历史事实的错误认识和观点。这些错误认识和观点，对中华民族多元一体的民族观和统一多民族国家的国家观形成了严峻挑战，对我国的民族团结和国家安全可能会产生负面影响，对部分研究北方民族史的学者的理论思维可能会带来一定偏差，对人民群众、高校学生学习和认识中国历史可能会形成一些误导，其危害性不可失防。因此，加强对中国古代北方民族史的全面系统性研究，构建客观科学的话语体系刻不容缓。

三

《中国古代北方民族史》（十卷本）研究的历史上的中国疆域范围和北方民族，按照 1981 年 5 月谭其骧先生在“中国民族关系史研究学术座谈会”上的讲话内容作为基本原则来把握[②]。即以几千年来历史发展所自然形成的中国为历史上的中国，以 18 世纪 50 年代至 1840 年这段时期的

① 李治安：《民族融汇与中国历史发展第二条基本线索论纲》，《史学集刊》2019 年第 1 期。

② 谭其骧：《历史上的中国和中国历代疆域》，《中国边疆史地研究》1991 年第 1 期。

清朝版图作为历史时期的中国范围。在这个范围内活动的匈奴、鲜卑、柔然、突厥、回鹘、契丹等民族，都是中国历史上的北方民族，这些民族建立的政权都是中国历史上的北方民族政权。

这次撰写的十个民族的历史，以中国历史上活动在蒙古高原及其周边地区的匈奴、乌桓、拓跋鲜卑、柔然、突厥、回鹘、黠戛斯、契丹、库莫奚、室韦为研究对象，以族别史体例为整体设计，每个民族自成一卷，史观、体例、内容安排等力求一致。各卷作者按照编写体例和要求，以唯物史观为指导，吸收借鉴前人研究成果，依据文献和考古资料，对诸民族的族名族源、历史变迁、政治制度、生产生活方式、文化习俗、民族关系、最后流向等尽可能作了较为全面的阐述，对一些具体问题作了较为深入的探讨，提出了自己的看法，对北方民族的历史作用、影响和贡献尽量作了客观的评价。各卷或多或少体现出以下特点：①既有相对一致的结构，又根据具体情况谋篇布局，尽可能完整地呈现各自的学术思路与逻辑特点；各族的历史内容既属于全书整体不可或缺的重要部分，又相对独立成书。②尽可能详细占有史料，注意充分辨析史料的史源关系，运用有价值史料进行研究。③各卷根据具体情况，充分结合运用考古资料，以达到用实物资料证史、补史、纠史的作用，突出历史学与考古学的综合研究。④运用古代民族文字史料，如突厥文、回鹘文、契丹文资料等进行研究。⑤利用汉语音韵学、民族史语文学方法进行研究，辨析相关说法。

《中国古代北方民族史》（十卷本）是作为国家社会科学基金重大委托项目“蒙古族源与元朝帝陵综合研究”子课题而开展研究、编写的一套书稿。选取的十个古代北方民族，既有内在的历史联系，又与古代蒙古族存在或近或远、或直接或间接的渊源关系。通过系统论述匈奴等十个北方民族的历史变迁，可以启发与蒙古族族源有关问题的思考，澄清一些错误认识。

长期以来，中外学界针对蒙古族族源开展了广泛研究，形成有匈奴、东胡、鲜卑、敕勒—高车、柔然、突厥、蒙汉同源、吐蕃、室韦、突厥、吐蕃混合、东夷等十余种观点。中国学界主流看法认为，蒙古族祖源东胡，鲜卑—室韦—蒙古有一脉相承的历史渊源。这一学术观点有着更为充分的历史文献学依据和考古学证据。《旧唐书·室韦传》记载有望建河

（即今额尔古纳河及黑龙江）“其河源出突厥东北界俱轮泊，屈曲东流”，“东经蒙兀室韦之北”。《史集》亦载，远古时期蒙古人居住在“额尔古涅·昆”一带。今内蒙古自治区额尔古纳河右岸是蒙古族发祥地。历史文献的相关记载和研究成果显示，室韦和鲜卑译名根据相同，与早期拓跋鲜卑活动地域相同、语言相通、有代表性风俗习惯相近等特征，可证室韦的主要部分应与早期拓跋鲜卑同源。室韦即南北朝时期入据中原的拓跋鲜卑统治者给予鲜卑后裔的新的汉字译写形式。内蒙古自治区呼伦贝尔市陈巴尔虎旗西乌珠尔墓地、海拉尔区谢尔塔拉墓地和陈巴尔虎旗岗嘎墓地，分别代表了7—8世纪、9—10世纪和8—10世纪的室韦遗存①。相关考古遗存的发掘和研究，也为蒙古族主体来源于室韦，以及呼伦贝尔是蒙古民族发源地提供了有力佐证。在呼伦贝尔地区系统开展田野考古调查和发掘工作，为蒙古族族源研究提供系列考古实证资料，同时开展历史学、考古学、民族学、人类学、民俗学、语言学等多学科综合研究，推出具有影响力的蒙古族族源研究领域的学术成果，确立内蒙古呼伦贝尔地区作为蒙古族发祥地的重要历史地位，有助于澄清学术界关于蒙古族族源研究的各种说法，推进相关学术研究的进展。

中国古代北方民族的历史绵延数千年，是中国历史的有机组成部分。中国历史不但包括汉族、北方民族建立的内地（中原）王朝史，也包括北方民族建立的政权史。在中国历史的不同时期，生活在不同地区、经济形态有别、风俗习惯有同有异的多民族之间的相互交往、彼此影响、吸收交融从来就没有停止过。北方民族与中原汉族建立起了密切的政治、经济、社会和文化联系，而建立在中原的北族王朝则无不以中原“正统”自居。北方民族史与内地王朝史有机的融合，不断地推动着中国历史的发展进程。中国古代各民族、各地区的历史共同构成了中国历史的有机整体。中华民族的悠久历史和灿烂文化，是包括北方民族在内的中国历史上各个民族交融共进共同创造的。北方民族是中华文明进程的重要参

① 中国社会科学院考古研究所、内蒙古自治区文物考古研究所、北京大学考古文博学院、呼伦贝尔民族博物院呼伦贝尔联合考古队：《内蒙古陈巴尔虎旗岗嘎墓地》，《考古》2015年第7期。

与者和推动者，对中国古代疆域、中西文化交流、中华民族多元一体格局的形成、中国历史文化的发展和进步做出了不可磨灭的贡献。近代以来，汉族和各少数民族的命运共同体更为牢固，共同建立了统一的多民族国家。研究中国古代北方民族史是北方民族历史与考古工作者义不容辞的责任。系统全面研究中国古代北方民族史，清晰梳理其来自哪里去向何方的历史变迁过程，深入探究其政治、经济、社会、文化的内涵及其发展规律，深刻阐释其与中国历史上汉族及其他民族建立的内地王朝政权的关系，充分认识其历史地位、作用与贡献，对深入学习和认识中国史，树立正确的历史观、民族观、国家观，维护民族团结、国家统一局面，铸牢中华民族共同体意识均具有重大的理论和现实意义。

前　言

库莫奚是中国古代北方民族，源出宇文鲜卑，属东胡族系。南北朝时期首见《魏书》记载，称“库莫奚”；隋代以后多以“奚”见载于历代文献；唐代，奚与契丹并称为“两蕃”。地域与契丹毗邻，早期主要活动于今内蒙古高原东南部的西拉木伦河流域，至辽代，大体以今老哈河流域为活动中心。库莫奚自南北朝时期（4 世纪）出现，经隋、唐、五代、辽、金、元，历时近千年，与周边政权和民族关系密切，在中国北方民族史、中国疆域史上占有重要地位，产生了广泛而深远的历史影响。

从“库莫奚”之名称出现到元代以后逐渐消失，不同时期成书的正史、典章体、会要体和大型类书等体裁的文献对其历史多有详略各异的记载，成为研究库莫奚历史的主要依据。碑刻资料亦可弥补文献史料之不足。中外学者依据相关资料，从不同的角度，采取不同的研究方法，对库莫奚历史的研究取得了不少成果。具体而言，自 20 世纪初起，迄今已历时百余年，涉及库莫奚的基本史料、来源、地域、部落、社会、民族关系、风俗文化等方面。这些研究成果是我们进一步探讨库莫奚历史的基础，需要充分借鉴和吸收。

本书共分为六章。第一章，库莫奚的资料和研究概况，对库莫奚的基本文献史料进行整理、辨析，明确史源关系和史料价值，对相关考古资料作了梳理、考证和价值判断；对库莫奚的研究状况作了论述。第二章，库莫奚的来源，归纳和评述库莫奚族属来源的七种说法，以文献史料和考古学资料为依据进行充分论证，提出自己的学术看法。第三章，库莫奚的政治军事，将库莫奚的政治军事形态分为三个内容进行论述，即北朝至隋代的部落联盟、唐代的饶乐都督府和辽代的奚大王府。第四章，库莫奚的经济生活，库莫奚经济类型主要有畜牧业、渔猎业、农业、手工业和商业，各种经济类型在不同的历史时期有着各自的变迁轨迹。

奚人的生活方式与其经济类型密切相关。第五章，库莫奚与中原政权及各民族的关系，在近千年的历史发展进程中，库莫奚与北朝、隋、唐等政权或冲突、战争，或朝贡、贸易往来，均有着千丝万缕的联系。库莫奚与周边的契丹、突厥、回鹘等民族也存在或疏或密的关系。第六章，库莫奚的文化习俗，奚人的文化习俗丰富多彩且独具特色，在姓氏、语言、婚丧习俗等方面有所体现。

笔者在借鉴前人研究成果的基础上，对库莫奚历史做了较为全面、深入的研究，在一些问题上提出了自己的学术见解，以期将库莫奚历史的研究推进到一个新的水平。但由于本人的学识和研究能力有限，书稿中一定存在许多不足，甚至谬误，恳请专家学者不吝赐教，批评指正。

目　录

第一章　库莫奚的资料和研究概况

库莫奚于4世纪出现于历史舞台，13世纪以后，逐渐融入其他民族之中。历代文献资料记录了库莫奚的历史，学界对其做了具体的研究，取得了较为丰硕的成果。库莫奚的相关资料（这里指基本资料）和研究状况是研究库莫奚历史必须要掌握的内容，是进行历史研究的前提和基础。

第一节　基 本 资 料

库莫奚的基本资料即留存于不同时代成书的正史、典章体、会要体和大型类书等史书中的库莫奚专传或专条史料。自库莫奚出现以来，4—13世纪的历代文献均对其历史有详略各异的记载。依据这些资料，可以理清库莫奚历史发展的基本脉络，复原库莫奚历史的大致轮廓。这些资料主要有《魏书·库莫奚传》《周书·库莫奚传》《隋书·奚传》《北史·奚传》《旧唐书·奚传》《新唐书·奚传》《新五代史·奚传》《通典·库莫奚》《通志·库莫奚》《文献通考·库莫奚》《唐会要·奚》《五代会要·奚》《太平寰宇记·库莫奚》《册府元龟·奚》等。

由于文献的编撰时间有早有晚，作者所处的时代不同，各自对资料的掌握程度、史德、史才、史识、史观等方面有所差异，文献的质量和史料价值也就有所不同。因后世研究者存在对相关史料掌握不全面，甚至真伪不辨，使用失当的情况，以致库莫奚历史中的许多问题众说不一，悬而未决。因此，需要对这些主要文献进行系统地辨析与评价，理清诸部文献的史源关系，辨别真伪，明确史料价值。只有以此为前提和基础，依据有价值的史料，才能有望梳理出更接近于本来面目的库莫奚历史，并提出和解决相关的学术问题。

北齐魏收所撰《魏书》是记述北魏、东魏历史的“正史”，天保五年

（554）成书。其中第 100 卷列传第 88 有《库莫奚传》，记述了库莫奚的来源、地域、生活习俗，奚与北魏、东魏政权之间时战时和的关系，以及奚与地豆于的关系。《魏书 · 库莫奚传》是迄今所见有关库莫奚历史最早的专传，内容较为丰富，是全面了解北朝时期库莫奚历史的第一手资料和基本史料。《魏书 · 库莫奚传》的史文记载应来源于登国三年（388）北魏道武帝拓跋珪对奚的征伐和其后奚与中原的朝贡、贸易等渠道，较为可信。该传是研究库莫奚的来源、地域、风俗习惯、民族关系，以及北魏、东魏时期库莫奚历史状况的基本资料，具有珍贵的史料价值。

《周书》为记载北周历史的史书，唐令狐德棻主编，贞观三年至十年（629—636）间成书，第 49 卷列传第 41 有《库莫奚传》，对库莫奚的来源、地域、部落、风俗习惯及其与突厥、契丹、西魏之间的关系等内容均有涉及。《周书》成书晚于《魏书》，有沿袭抄改《魏书 · 库莫奚传》之处，也有新增内容。其新增内容为库莫奚的部落、风俗习惯及其与突厥、契丹、西魏之间的关系等。这些记载对了解和研究库莫奚的风俗习惯和民族关系具有重要意义。《周书 · 库莫奚传》新增史料应为大统五年（539）库莫奚遣使西魏的使节提供给朝廷史官而记录下来的。该传虽篇幅较短，内容上也过于简略，有失详尽，但其新增内容具有重要的史料价值，亦为后来史家所认可并流传。

《隋书》系记述隋朝历史的史书，唐初官修，魏征主持编写，第 84 卷列传第 49 有《奚传》，记述了库莫奚的称呼、来源、地域、风俗习惯、部落及其与契丹、隋朝的关系。《隋书 · 奚传》基本系抄引《魏书 · 库莫奚传》和《周书 · 库莫奚传》而成，仅有个别文字的增减或改动。《隋书 · 奚传》的新增内容，即奚人“随逐水草，颇同突厥”，是研究库莫奚社会、生产生活状况及其与突厥关系的重要资料，也体现出该传的史料价值。

《北史》是唐初李延寿的私家著述，记述北魏登国元年（386）到隋义宁二年（618）的历史。成书于唐太宗贞观十七年（643），唐高宗显庆四年（659）经朝廷批准流传。共 100 卷，第 94 卷列传第 82 有《奚传》，是将《魏书》《周书》《隋书》的奚传加以综合、改编而成，除了对一些字句做增删、改动、调整外，没有新增内容，属于二手资料。在《魏书》《周书》《隋书》的奚传等第一手资料存在的情况下，《北史 · 奚传》的史料价值不大。

《通典》200卷，唐杜佑撰，是记述唐天宝以前典章制度及地志、民族的专书。唐代宗大历元年（766）始撰，唐德宗贞元十七年（801）成书。第200卷边防十六有“库莫奚”条。其中唐代以前的内容系抄引《隋书·奚传》与《北史·奚传》而成，没有新的史料来源，也未补入新的内容。《通典》新增内容，也是其最有价值的部分，即唐初至开元年间库莫奚与唐朝和亲的关系。《通典·库莫奚》成书时，奚唐往来密切，或有新的史源，为了解这一时期的奚唐关系提供了重要的史料依据，可与《旧唐书》《新唐书》的内容相互印证，具有较高的史料价值。

《旧唐书》是现存最早的系统记录唐代历史的史书，后晋刘昫等编撰，开运二年（945）修成，因其在当时可见的唐实录和国史的基础上编撰而成，加之编者没有对原文做过多的文字润饰和内容修改，从而保留了大量原始资料。共200卷。卷199下，列传第149《北狄》有《奚传》，对库莫奚的来源、地域、部落、风俗习惯，库莫奚与契丹、突厥的关系等内容做了简洁的叙述，并较为翔实地记述了奚唐之间或侵扰、掠夺、战争，或羁縻、朝贡、奖赏、封赐、和亲的复杂关系。《旧唐书·奚传》是研究唐代库莫奚历史状况、奚唐关系的第一手资料，具有珍贵的史料价值，亦是后出文献之源。

《唐会要》，北宋王溥编撰。宋太祖建隆二年（961）成书。唐德宗时，苏冕修《会要》40卷，记762—779年典故。唐宣宗时，崔铉监修《续会要》40卷，记780—864年事件。王溥利用苏、崔旧文，又采宣宗至唐末史事续之，为《新编唐会要》100卷，今通称为《唐会要》。卷96有“奚”条，记述了库莫奚的来源、地域、风俗及其与契丹、突厥、唐朝的关系，其绝大部分内容来自《旧唐书·奚传》，只是在内容上做了归纳、调整和删节，遣词用字较为精练，行文更加顺畅。但其中存在一些张冠李戴的情况。《唐会要·奚》的史料价值在于其新增加的内容，即奚酋长李诗死后，其子延宠对唐朝叛变又降，降而又叛之事。该事件未见于前出文献，应该有新的史料来源，具有重要的史料价值。

《五代会要》，北宋王溥编撰。宋太祖乾德元年（963）成书。记载五代典章制度及其损益沿革的史书，为《唐会要》的续作。共30卷。卷28有“奚”条，部分内容抄引《旧唐书·奚传》，但做了大量删减，并简单地概括了饶乐都督府的设置情况。《五代会要·奚》的史料价值在于其新增内容，包括唐末至五代时期库莫奚的部落、地域变迁、生产生活习俗及其与契丹、五代政权的关系等方面。其史料来源应包括五代实录、国史、五代著作和王溥自身的见闻，较为可信，是研究唐末和五代时期库莫奚历史的第一手资料。

《太平寰宇记》，北宋乐史撰于太平兴国年间（976—984），是记述宋朝疆域版图的史书。共卷200。卷198有“库莫奚”条。《太平寰宇记·库莫奚》没有补入新的史料，也没有新的史料来源，主要援引《通典》《唐会要》《旧唐书》的相关记载。除了部分用词和表述上的不同之外，没有内容上的不同。在《通典》《唐会要》《旧唐书》等文献俱存的情况下，《太平寰宇记·库莫奚》的史料价值并不大。

《册府元龟》，北宋王钦若等奉敕编撰。大中祥符六年（1013）成书。《册府元龟》为北宋四大类书之一，记述历代君臣的事迹。共1000卷。卷956《外臣部（一）·种族》、卷961《外臣部（六）·土风第三》和卷967《外臣部（十二）·继袭第二》分别列有“奚”条。《册府元龟·奚》总计约600字，基本抄自《隋书·奚传》《旧唐书·奚传》《五代会要·奚》，除个别地方因行文结构而略作调整之外，大部分为原文照抄，也未见参考其他文献的痕迹。《册府元龟·奚》属于第二手资料，在前出文献存在的情况下，参考和使用价值不大。

《新唐书》，北宋欧阳修等撰，庆历四年（1044）开始，至嘉祐五年（1060）完成。是记载唐代历史的史书。共225卷。卷219列传第144有《奚传》。该传记述了库莫奚的来源、地域、风俗习惯、名称变化等问题，并用较大篇幅详细记述了奚唐关系。《新唐书·奚传》的新增内容即对饶乐都督府设置后，库莫奚的五个部落及其所处之州有明确记载，并提及唐复置的东夷都督府与东夷校尉，也是其史料价值所在。研究唐代库莫奚历史，应以《旧唐书·奚传》为本，参证《新唐书·奚传》，择优而取，择实而用，从而更加充分、合理地运用相关史料。

《新五代史》，北宋欧阳修编撰。原名《五代史记》，后世为区别于北宋初年薛居正监修的《旧五代史》，称《新五代史》。皇祐五年（1053）成书。记载了后梁开平元年（907）至后周显德七年（960）53年的历史。共74卷。卷74《四夷附录第三》有《奚传》。该传部分内容引自

《五代会要·奚》，其新增内容即库莫奚与契丹的通婚关系，并最终归入契丹的统治。这些记载源于宋代史官对库莫奚的进一步了解，有新的史料来源，对研究五代时期库莫奚的历史状况提供了重要依据。研究五代时期的库莫奚应以《五代会要·奚》和《新五代史·奚传》的新增内容为首选材料。

《通志》，南宋郑樵撰，绍兴十七年（1147）成书。共200卷。卷200《四夷传七·志三二一三下》有“库莫奚”条。《通志·库莫奚》主要抄引自《北史》《通典》《新唐书》的相关记载，除表述上的不同，没有内容上的变化，且在传抄过程中存在讹误。因此，《通志·库莫奚》属于第二手资料，在前出文献存在的情况下，史料价值不大。

《文献通考》，宋元时期马端临撰，元成宗大德十一年（1307）成书，是记述上古到宋朝宁宗时期典章制度的史书。共348卷。卷344《四裔考二十一》有“库莫奚”条。《文献通考·库莫奚》系由《北史·奚传》《通典·库莫奚》《新唐书·奚传》《新五代史·奚传》抄改而成，没有新的史料内容和史料来源。《文献通考·库莫奚》是记载库莫奚专传或专条的收尾之作，属于第二手资料，史料价值不大。

通过对这些史料的分析和评判，可知《魏书》《周书》《隋书》《通典》《旧唐书》《五代会要》《新唐书》《新五代史》中的库臭奚专传或专条是研究库莫奚历史的一手资料，具有珍贵的史料价值。《北史》《唐会要》《太平寰宇记》《册府元龟》《通志》《文献通考》等文献中的库莫奚专传或专条属于二手资料，可以作为一手资料的参考和佐证，起到辅助之功。

此外，还有其他一些文献也或多或少地涉及库莫奚的相关内容，如《史记》《汉书》《后汉书》《三国志》《北齐书》《晋书》《唐六典》《安禄山事迹》《全唐文》《旧五代史》《资治通鉴》《续资治通鉴长编》《通鉴纪事本末》《三朝北盟汇编》《契丹国志》《松漠纪闻》《辽史》《金史》《元史》《宋史》《宋会要》《宋史纪事本末》《辽史纪事本末》《辽史拾遗》《辽史拾遗补》《全辽文》《大金国志》等。宋人出使辽朝的行纪与诗中关于库莫奚的记载可以对基本史料进行印证与补充，达到“以诗证史”“诗为史用”之目的。如胡峤《陷辽记》、路振《乘轺录》、王曾《王沂公行程录》、宋绶《上契丹事》、沈括《熙宁使辽图抄》、王珪《华阳集》、刘敞《公是集》、苏颂《苏魏公文集》、苏辙《栾城集》等。这些史料内容庞杂，分布零散，看似杂乱，但同样具备一定的史料价值，值得辨析、引证和参考。

同时，在奚人的碑刻资料中，有的碑刻内容为史书所未载，可以弥补文献史料的不足，有的可与文献史料相互参证。这些碑刻对库莫奚历史研究具有证明、补充，甚至是纠正某一历史问题的作用。截至目前，能够确认为奚人的碑刻有 11 件，按篆刻的时间排列即《奚国质子热瓌墓志》（图一）、《李宝臣纪功碑》、《李宝臣碑》（图二）、《李府君夫人张氏墓志》、《张茂宣墓志》、《张佑明墓志》、《大王记结亲事碑》（图三）、《萧福延墓志》、《萧孝忠墓志》、《耶律氏墓志铭》、《萧资茂墓志铭》。其中《奚国质子热瓌墓志》《张茂宣墓志》《张佑明墓志》《大王记结亲事碑》《萧孝忠墓志》《耶律氏墓志铭》《萧资茂墓志铭》属于第一手资料，具有珍贵的史料价值。其他几件碑刻可以与文献史料相互印证，具有重要的参考价值。另外，部分汉人、契丹人、突厥人碑刻中对库莫奚的记载也是研究库莫奚历史的重要依据，值得参考。具体情况见文中相关内容征引，兹不赘述。

第二节　研究现状

史学界对库莫奚的研究已有时日，不同时期的中外学者，依据文献记载，从不同的角度，采取不同的研究方法，对库莫奚历史中的诸多方面进行了探索，取得不少成果。

清末学者丁谦的《魏书外国传地理考证》即对库莫奚的地理位置有所推定[①]。20 世纪初，日本学者白鸟库吉的《东胡民族考》对库莫奚的种类、居地、“库莫奚”的含义进行了探讨[②]，其结论也多为后世研究者采纳或质疑。张云波的《辽代契丹人及奚人的分布》就辽代奚人的分布状况做了系统的论述[③]。20 世纪 40 年代，日本学者岛田正郎的《辽代的奚》

① （清）丁谦：《魏书外国传地理考证》，《浙江图书馆丛书》第 1 集，浙江图书馆刻本，1915 年。

② 〔日〕白鸟库吉著，方壮猷译：《东胡民族考》，商务印书馆，1934 年。

③ 张云波：《辽代契丹人及奚人的分布》，《四川大学季刊》1935 年第 1 期。

1

2

0 20米

图一　热瓌墓志盖、志文拓本

（转自张小丽:《西安市唐故奚质子热瓌墓》,《考古》2014 年第 10 期）

1. 志盖　2. 志文

图二　李宝臣碑

（转自冯金忠、陈瑞青：《唐成德军节度使李宝臣残碑考释》，《中国历史文物》2009 年第 4 期）

图三　大王记结亲事碑

（赤峰市辽中京博物馆，作者拍摄）

主要论述了辽代库莫奚的基本情况，并指出辽代奚人的地位仅次于契丹，相当于色目人在元朝的地位[①]。金毓黻的《东北通史》对库莫奚的来源、地域做了大体说明[②]。

20 世纪 50—70 年代，史学界对库莫奚的研究，中国大陆成果寥寥，台湾地区和日本的几位学者进行了不同程度的探讨。于省吾的《殷代的奚奴》认为甲骨文中“奚”字为一披发跪着的奴隶形象，卜辞中曾以族名出现，“貕东北夷名，通作奚”，从而得出库莫奚来源于殷代奚奴的结论[③]。赵振绩的《大奚成立与消失考》对辽末金初奚人回离保建立的政权及其成立与消失做了较为详细的论述[④]。李符桐的《奚部族及其与辽朝关系之探讨》（1—5）较为全面地探讨了库莫奚部族的演变情况及其入辽后的奚辽关系[⑤]。王民信的《辽朝统治下的奚族》论述了辽朝统治下库莫奚的组织形式、部族、社会地位等问题[⑥]。这几篇文章涉及库莫奚的来源、政权以及辽代的库莫奚，尤其是对辽代库莫奚的部族、政治地位的研究较为系统和深刻，多为后来研究者参考和借鉴。

20 世纪 80 年代，史学界掀起了库莫奚历史研究高潮，研究成果大量涌现。主要包括以下几个方面。

第一，库莫奚的来源。冯继钦的《有关奚族族源的两个问题》得出库莫奚来源于东胡鲜卑宇文部的结论，并从地域、语言、经济生活、风俗习惯、族名等方面较为详细地分析了库莫奚与契丹在族源上“异种同类”的关系[⑦]。李德山的《奚族增考》通过对甲骨文中“奚”的字形和含义进行分析，认为库莫奚与黄帝十二姓中任姓所建立的奚国有关，商代初期为了躲避奴役，一部分奚国人往东北迁徙，这部分奚人即库莫奚的

---

① 〔日〕岛田正郎：《辽代的奚》，《北亚细亚学报》（第 1 辑），1942 年 10 月。

② 金毓黻：《东北通史》，五十年代出版社，1943 年，第 173—175 页。

③ 于省吾：《殷代的奚奴》，《东北人民大学人文科学学报》1956 年第 1 期。

④ 赵振绩：《大奚成立与消失考》，《幼狮学志》9 卷 1 期，1970 年。

⑤ 李符桐：《奚部族及其与辽朝关系之探讨》（1—5），《大陆杂志》33 卷 7—11 期，1966 年 10—12 月。

⑥ 王民信：《辽朝统治下的奚族》，《王民信辽史研究论文集》，台湾大学出版中心，2010 年。

⑦ 冯继钦：《有关奚族族源的两个问题》，《求是学刊》1984 年第 1 期。

祖先[①]。任爱君的《契丹与库莫奚的先世及其关系略述》通过对白马与青牛的传说、奇首可汗传说以及契丹与库莫奚的风俗习惯进行考证，认为二者共出于东部鲜卑宇文部这一民族共同体[②]。

第二，不同时期库莫奚的历史。

北朝：冯继钦《北朝时期的库莫奚族》认为，北朝时期除了少部分奚人被迫迁往内地与汉人杂居、融合外，绝大部分仍住在西拉木伦河和老哈河流域。这一时期库莫奚的经济类型以畜牧业为主，狩猎、农业为辅，并与北朝进行交换贸易。该文还对库莫奚的人口和民族关系有所论述[③]。

唐代：孟广耀对这一时期的库莫奚研究成果最多。《唐代奚族君长及世次考述》考证了唐代库莫奚的22个君长，认为这一时期库莫奚的王位不是世袭而是世选。《唐代奚族驻牧范围变迁考论》认为唐代库莫奚驻牧范围的移动具有规律性，即不断南下和西进。《回纥羁属下的奚族：兼释唐朝与奚族的关系》指出安史之乱之后，库莫奚一方面受回纥控制，一方面仍接受唐朝册封。唐武宗大败回纥后，奚人趁机摆脱了回纥的控制，归属于唐。《安史之乱中的奚族》称安史之乱期间，奚人被利用，成为安禄山等人的同党[④]。崔明德《唐与契丹、奚和亲公主考述》较为系统地阐述了和亲契丹、库莫奚的唐朝公主的身份，并认为和亲是在契奚两族对突厥具有牵制作用和唐军事实力下降的情况下进行的[⑤]。

辽代：王玲《辽代奚族考略》对辽代库莫奚的政治、社会、经济等方面做了综合性考察[⑥]。冯继钦《辽代奚族共同体的演变及其特征初探》

---

① 李德山：《奚族增考》，《民族研究》1989年第5期。

② 任爱君：《契丹与库莫奚的先世及其关系略述》，《昭乌达蒙族师专学报》（汉文哲学社会科学版）1989年第2期。

③ 冯继钦：《北朝时期的库莫奚族》，《求是学刊》1987年第5期。

④ 孟广耀：《唐代奚族君长及世次考述》，《求是学刊》1984年第4期；《唐代奚族驻牧范围变迁考论》，《内蒙古师大学报》1983年第1期；《回纥羁属下的奚族：兼释唐朝与奚族的关系》，《北方文物》1983年第3期；《安史之乱中的奚族》，《社会生活战线》1985年第3期。

⑤ 崔明德：《唐与契丹、奚和亲公主考述》，《西北民族学院学报》（哲学社会科学版）1988年第2期。

⑥ 王玲：《辽代奚族考略》，《民族研究》1983年第2期。

探讨了北魏到辽时期库莫奚的社会发展形态[①]。杨若薇《奚族及其历史发展》主要论述了辽代库莫奚的社会组织、经济发展、军事作用等问题[②]。这几篇文章对库莫奚社会性质的研究较具代表性。孟广耀《唐以后奚族诸部的对应关系及奚王府所属诸部剖析》主要对唐以后库莫奚五部落的对应关系做了考辨，认为五部名称应以《辽史·营卫志下》的记音为准。《试论辽朝直辖奚族诸部营——兼论奚人契丹化问题》也对辽统治下的库莫奚部落做了说明，并指出辽代的库莫奚渐契丹化[③]。

金代：冯继钦《金代奚族初探》就金对库莫奚的统治政策、金代奚人的分布、社会地位、与其他民族融合等问题做了论述[④]。李涵、张星久《金代奚族的演变》探讨了金对库莫奚的民族政策、金代奚人的社会组织、地理分布等问题[⑤]。孟广耀《金朝对奚族的基本政策》也就金对库莫奚的政策做了阐述[⑥]。

第三，库莫奚政权。孟古托力《萧干建国称帝及其失败琐议》较为详细地论述了库莫奚政权建立后对金的反抗斗争，对萧干称帝的时间、地点、年号、条件、奚国与辽宋金之间的关系、灭亡过程做了系统的研究[⑦]。

第四，西奚。孟广耀《西部奚历史探讨》论证了西奚的产生时间、发展状况、西奚的三代奚王以及西奚与中原政权之间的关系[⑧]。这是较早也是较为系统研究西奚的文章。

---

① 冯继钦：《辽代奚族共同体的演变及其特征初探》，《史学集刊》1983 年第 3 期。

② 杨若薇：《奚族及其历史发展》，《历史教学》1983 年第 7 期。

③ 孟广耀：《唐以后奚族诸部的对应关系及奚王府所属诸部剖析》，《北方文物》1987 年第 1 期；《试论辽朝直辖奚族诸部营——兼论奚人契丹化问题》，《东北地方史研究》1988 年第 3 期。

④ 冯继钦：《金代奚族初探》，《求是学刊》，1986 年第 2 期。

⑤ 李涵、张星久：《金代奚族的演变》，《武汉大学学报》（哲学社会科学版）1986 年第 6 期。

⑥ 孟广耀：《金朝对奚族的基本政策》，《辽金史论集》（第四辑），书目文献出版社，1989 年。

⑦ 孟古托力：《萧干建国称帝及其失败琐议》，《内蒙古师大学报》（哲学社会科学汉文版）1988 年第 3 期。

⑧ 孟广耀：《西部奚历史探讨》，《内蒙古社会科学》1987 年第 2 期。

总体而言，20世纪80年代史学界对于库莫奚历史的研究涉及库莫奚的来源，在北朝、唐、辽、金时期的基本情况，政权，西奚几个方面，打开了库莫奚历史研究的繁盛局面。

20世纪90年代，史学界对于库莫奚的研究方兴未艾。冯继钦《奚族文化刍议》指出库莫奚文化既有物质层面又包含精神层面，对物质层面之饮食、住所、交通工具、服饰、发式、生产工具和精神层面之婚俗、葬俗、心理禁忌、伦理道德等方面做了分析和探讨[①]。李德山《北魏以后的奚族》阐述了库莫奚自商代，经北魏及以后的发展变化，直到消亡的过程[②]。冯继钦《奚族史研究概述》概述了库莫奚自出现至消亡的历史过程[③]。李彦平《唐朝与东北少数民族契丹、奚的和亲》就和亲的历史背景、人数、特点、意义等方面进行了较为全面的论述[④]。孙彩红《唐、五代时期中原与契丹、奚的互市贸易》以表格形式对唐、五代时期契丹、库莫奚前来朝贡的时间、使者、朝贡物品、回赐物品等情况做了说明，并论述了中原对互市的管理、互市的发展因素、影响等问题[⑤]。日本学者高井康典行《辽朝的部族制度与奚六部的改组》系统地阐述了辽对库莫奚部落的改组问题[⑥]。杨福瑞《六至十世纪初契丹与奚族的关系——兼论两族的不同命运结局》认为6世纪初，二者的发展基本是同步的，但库莫奚在安史之乱中实力大为受损，契丹则趁势发展，最终控制了库莫奚[⑦]。孟古托力《辽金战争中的奚族》指出金对奚人的策略是武力打击与招降怀柔并用，并叙述了萧干政权自建立到灭亡的过程[⑧]。王淑英《奚人萧裕

① 冯继钦：《奚族文化刍议》，《社会科学辑刊》1993年第1期。

② 李德山：《北魏以后的奚族》，《北方文物》1991年第2期。

③ 冯继钦：《奚族史研究概述》，《民族研究动态》1993年第5期。

④ 李彦平：《唐朝与东北少数民族契丹、奚的和亲》，《社会科学战线》1996年第3期。

⑤ 孙彩红：《唐、五代时期中原与契丹、奚的互市贸易》，《河北师范大学学报》（社会科学版）1998年第4期。

⑥ 〔日〕高井康典行：《辽朝的部族制度与奚六部的改组》，《史观》1997年第137期。

⑦ 杨福瑞：《六至十世纪初契丹与奚族的关系——兼论两族的不同命运结局》，《昭乌达蒙族师专学报》（汉文哲学社会科学版）1999年第5期。

⑧ 孟古托力：《辽金战争中的奚族》，《黑龙江民族丛刊》1997年第4期。

与海陵王的关系——兼释复辟辽朝活动的失败》叙述了奚人萧裕与海陵王由莫逆之交到萧裕反叛及被刺死的经过，认为萧裕是库莫奚的杰出人物①。陈缙《西奚与古崖居》考证了古崖居为西奚的聚居地、西奚在古崖居的居住时间及在妫州的活动②。

进入21世纪后，史学界对库莫奚的研究又跨入一个新的阶段，主要表现在研究领域的进一步扩展和研究成果的不断丰富。包括以下几个方面。

第一，资料研究。李义《辽代奚"大王记结亲事"碑》对1974年发现于内蒙古自治区赤峰市宁城县的奚《大王记结亲事碑》的出土情况、碑文所反映的辽代官制、社会风俗、经济状况和语言特点等方面进行了说明和研究③。周峰《奚族碑刻概说》详细地介绍了库莫奚现存的7件碑刻的出土情况、形制、内容和著录情况，并对各个碑刻的史料价值进行了分析④。毕德广、曾祥江《奚人历史文化遗存考述》就奚人的驿站、墓葬、碑刻、生活用品等历史遗存进行了考证和推测⑤。张文平、张久和《库莫奚基本史料的初步比较研究》通过对文献中奚专传和专条记载的辨析，指出《魏书》《周书》《隋书》《新唐书》《旧唐书》《新五代史》中的奚传是建构库莫奚历史的基本框架⑥。

第二，研究综述。王凯《20世纪80年代以来奚族研究综述》、刘一《新中国成立以来国内奚族研究综述》、王丽娟《奚族历史研究的回顾与

---

① 王淑英：《奚人萧裕与海陵王的关系——兼释复辟辽朝活动的失败》，《北方论丛》1998年第1期。

② 陈缙：《西奚与古崖居》，《中央民族大学学报》1998年第3期。

③ 李义：《辽代奚"大王记结亲事"碑》，《中国古都研究：中国古都学会2001年年会暨赤峰辽王朝故都历史文化研讨会论文集》（第十八辑下册），国际华文出版社，2001年。

④ 周峰：《奚族碑刻概说》，《赤峰学院学报》（汉文哲学社会科学版）2009年第9期。

⑤ 毕德广、曾祥江：《奚人历史文化遗存考述》，《河北师范大学学报》（哲学社会科学版）2011年第3期。

⑥ 张文平、张久和：《库莫奚基本史料的初步比较研究》，《内蒙古大学学报》（人文社会科学版）2007年第1期。

思考》分别从不同角度对库莫奚研究做了综述[①]。

第三，综合研究。包爱英《十世纪以前库莫奚历史初探》对库莫奚的起源、10世纪库莫奚的基本状况进行了较为全面的研究[②]。王丽娟《奚族历史研究》是对库莫奚的基本史料、来源、地域、部落、民族关系、风俗文化等方面的综合性研究[③]。刘一《奚族研究》对库莫奚的族源、社会组织、经济类型、民族关系等问题做了研究。[④]毕德广《奚族文化研究》就奚人创造的考古学文化，即在考古调查、发掘和研究中发现的属于奚人活动时期和活动范围内的由奚人创造的各种遗存及其反映的社会、经济、文化状况进行了较为系统的探讨[⑤]。

同一时期，程尼娜《论唐代中央政权对契丹、奚人地区的羁縻统治》，李蓉《唐初两蕃与唐的东北策略》，陈巍、闰华芳《安史之乱前后的奚、契丹》，王丽娟《论唐玄宗对奚的民族政策》《高祖至睿宗时期奚族与唐朝的关系述论》分别从不同角度论述了唐朝对库莫奚的民族政策和奚唐关系[⑥]。任爱君《契丹对奚族的征服及其统治方略》就契丹对库莫奚的征服过程及统治方略做了探讨[⑦]。李月新、梁磊《辽代奚人的生活探

---

① 王凯：《20世纪80年代以来奚族研究综述》，《东北史地》2011年第1期；刘一：《新中国成立以来国内奚族研究综述》，《学术探索》2013年第8期；王丽娟：《奚族历史研究的回顾与思考》，《北方民族考古》（第2辑），科学出版社，2015年。

② 包爱英：《十世纪以前库莫奚历史初探》，内蒙古大学硕士学位论文，2006年。

③ 王丽娟：《奚族历史研究》，内蒙古大学博士学位论文，2014年。

④ 刘一：《奚族研究》，吉林大学博士论文，2014年。

⑤ 毕德广：《奚族文化研究》，科学出版社，2016年。

⑥ 程尼娜：《论唐代中央政权对契丹、奚人地区的羁縻统治》，《吉林大学社会科学学报》2002年第6期；李蓉：《唐初两蕃与唐的东北策略》，《四川师范大学学报》（社会科学版）2003年第2期；陈巍、闰华芳：《安史之乱前后的奚、契丹》，《大连大学学报》2010年第1期；王丽娟、张久和：《论唐玄宗对奚的民族政策》，《中央民族大学学报》（哲学社会科学版）2014年第2期；王丽娟：《高祖至睿宗时期奚族与唐朝的关系述论》，《中央民族大学学报》（哲学社会科学版）2015年第2期。

⑦ 任爱君：《契丹对奚族的征服及其统治方略》，《内蒙古社会科学》（汉文版）2010年第2期。

析》对辽代奚人的分布和生活状况做了论述[①]。纪楠楠《金朝对奚族政策探微》叙述了金对库莫奚的政策[②]。周峰《最后的奚人——金元时期石抹也先家族考》主要对奚人石抹也先家族和其后裔进行了考证[③]。张永攀《契丹奚车考》分析了奚车的种类、形制、功能等问题[④]。

综上所述，经过百余年的研究，已经取得的成果涉及库莫奚的来源、各个时期的基本状况、民族关系、风俗文化、政权始末、基本资料等方面。这些研究成果勾勒出库莫奚历史的基本轮廓，是我们进一步研究和探讨的基础，需要充分搜集、借鉴和吸收。

但是，这些研究成果中也存在一些问题。

第一，关于库莫奚的来源，至今难以取得共识；库莫奚与周边政权和民族的关系方面还存在较多疏漏；库莫奚的政治军事形态缺乏系统研究；库莫奚的风俗文化值得进一步探讨。

第二，研究者对库莫奚历史的研究均为某一个或几个方面、一个或一段时期的研究，缺乏全面性和系统性。

库莫奚历史的研究现状之所以存在以上问题，应该有以下两方面原因。

第一，库莫奚的研究资料较少。基本文献史料屈指可数，正史中仅有几条专传和专条记载，且因前后文献的转抄和沿袭，内容多相同或相近，属于第一手资料且有使用价值的不多。其他文献中的相关记载也较为稀少和零散。同时，由于库莫奚与契丹来源相近、地域相近、语言相通、风俗文化相似，在契丹建国之前的发展进程也十分接近，即使现代考古学迅速发展，在民族文化特点上，也难以将两个民族的历史遗存严格地区分开来。因而，明确证实为奚人的考古学资料也所见不多。

第二，由于库莫奚与契丹关系密切，契丹曾建立了强大的政权，对中国历史影响深远；而库莫奚作为被征服民族，独立性逐渐消失，成为契丹政权组织内的一个部分。所以，研究者多重视契丹，于无形中缺少

---

① 李月新、梁磊：《辽代奚人的生活探析》，《长春师范学院学报》（人文社会科学版）2011年第4期。

② 纪楠楠：《金朝对奚族政策探微》，《史学集刊》2012年第6期。

③ 周峰：《最后的奚人——金元时期石抹也先家族考》，《东北史地》2011年第6期。

④ 张永攀：《契丹奚车考》，《西北民族研究》2000年第1期。

了对库莫奚的关注。

鉴于此，在对中外学者研究成果批判和继承的基础之上，通过对相关资料的辨析和应用，对库莫奚历史进行全面、系统的考察和研究是有必要的；对以往研究中存在的不足和空白进行完善和填补，在某些问题上提出自己的观点，亦是具有一定学术意义的。

第二章　库莫奚的来源

库莫奚的来源是研究库莫奚历史必须要解答的根本问题之一。由于诸文献对这一问题的记述不一，有的甚至含混不清，自相矛盾，又没有更多的考古学、人类学、民族学等其他辅助论据予以充分的证明，至今还是研究者关注和讨论的问题。通过归纳和评价库莫奚来源诸说，对该问题做进一步探讨仍有必要。

第一节　库莫奚来源诸说

关于库莫奚的来源，大致可以归结为七种说法，即鲜卑说，匈奴说，东胡说，乌桓说，与宇文、契丹同出鲜卑说，东北夷族说，夏代奚仲之后说。

一、鲜卑说

鲜卑说为库莫奚来源的主要说法之一，中外众多学者，如白鸟库吉、李符桐、王玲、杨若薇、冯继钦、孙玉良、田广林等均赞同此说[①]。其主要依据为《魏书》《北史》《通典》《契丹国志》等文献中的相

---

① 〔日〕白鸟库吉著，方壮猷译：《东胡民族考》，第 86 页；李符桐：《奚部族及其与辽朝关系之探讨》(一)，《大陆杂志》1966 年 10 月；王玲：《辽代奚族考略》，《民族研究》1983 年第 2 期；杨若薇：《奚族及其历史发展》，《历史教学》1983 年第 7 期；冯继钦：《有关奚族族源的两个问题》，《求是学刊》1984 年第 1 期；孙玉良：《唐朝在东北民族地区设置的府州》，《社会科学战线》1986 年第 3 期；田广林：《赤峰古代史论纲》，《昭乌达蒙族师专学报》(汉文哲学社会科学版)1987 年第 1 期。

关记载[①]。这些文献有库莫奚来源于“东部宇文”“东部胡宇文”“东部鲜卑”三种表述形式。因鲜卑为东胡的后裔，宇文部曾为鲜卑部落联盟的一部分，即得出库莫奚源于东胡鲜卑的结论。

该说依据《魏书·库莫奚传》的“库莫奚国之先，东部宇文之别种”是库莫奚来源的最早记载，作为第一手资料，较为翔实、可信，这也是中外诸多研究者接受此说的主要因素之一。但由于东胡鲜卑说侧重东部宇文与鲜卑的关系，没有进一步追溯“东部宇文”与匈奴的关系，从而与匈奴说相左。

不可否认的是，民族的产生和形成是一个极其复杂的历史过程，在诸多民族相互往来与融合的过程中，本民族的人口会外流到其他民族之中，也会有一些新成员加入进本民族，民族成分在不断变化，库莫奚亦是如此。东胡鲜卑说有其充分的史料依据，但也不能忽视库莫奚与匈奴的渊源。

二、匈奴说

最早记载库莫奚来源于匈奴的文献是《旧唐书·奚传》，称：“奚国，盖匈奴之别种也。”[②]《唐会要》《五代会要》《册府元龟·外臣部（十二）·继袭二》《新五代史》等文献均沿袭了这一说法[③]。

---

① 据《魏书·库莫奚传》记载：“库莫奚国之先，东部宇文之别种也。”（北齐）魏收：《魏书》卷100《库莫奚传》，中华书局点校本，1974年，第2222页；《北史·奚传》载：“奚本曰库莫奚，其先东部胡宇文之别种也。”（唐）李延寿：《北史》卷94《奚传》，中华书局点校本，1974年，第3126页；《通典·边防十六·库莫奚》载：“库莫奚……其先，东部鲜卑宇文之别种也。”（唐）杜佑：《通典》卷200《边防十六·库莫奚》，中华书局点校本，1988年，第5484页；《契丹国志·四京本末》载：“奚本曰库莫奚，其先东部胡宇文之别种也。”（南宋）叶隆礼：《契丹国志》卷22《四京本末·中京》，上海古籍出版社点校本，1985年，第216页。

② （后晋）刘昫等：《旧唐书》卷199下《奚传》，中华书局点校本，1975年，第5354页。

③ 据《唐会要·奚》记载：“奚。盖匈奴之别种。”《五代会要·奚》载：“奚，本匈奴别种。”（北宋）王溥：《五代会要》卷28，上海古籍出版社点校本，2006年，第452页。《册府元龟·外臣部（十二）·继袭二·奚》载：“奚，本匈奴之别种。”（北宋）王钦若等：《册府元龟》卷967，中华书局影印本，1960年，第11374页。《新五代史·奚传》载：“奚，本匈奴之别种。”（北宋）欧阳修：《新五代史》卷74，中华书局点校本，1974年，第909页。

《旧唐书·奚传》关于库莫奚来源的说法不是空穴来风，应是编撰者根据《魏书》《北史》的相关记载推理而来。据《魏书·宇文福传》及《宇文忠之传》称：“其先南单于之远属。”①《魏书·匈奴宇文莫槐传》《北史·匈奴宇文莫槐传》亦称：“匈奴宇文莫槐，出于辽东塞外，其先南单于远属也，世为东部大人。”② 由此可知，宇文鲜卑的首领为匈奴人。匈奴说正是将宇文部的祖先上溯到匈奴而推理出来的。佟冬支持此说，认为库莫奚是鲜卑化匈奴之一部，奚人本质上起源于匈奴③。

值得注意的是，经过一个漫长的历史进程，与匈奴有渊源关系的宇文部已经与鲜卑融合形成一个新的民族共同体，即宇文鲜卑。又经过一系列历史变迁，库莫奚从宇文鲜卑中分裂出来。所以，匈奴说侧重宇文部的先世来源于匈奴这一历史，未追寻宇文部最终与鲜卑融合成一个新的民族体这一事实。针对这一问题，冯继钦指出：“匈奴的宇文部东移后已与鲜卑融合形成一个共同体，奚、契丹族源应该说是鲜卑宇文部，不应该说是源于匈奴。”④

三、东胡说

《隋书·奚传》称：“奚本曰库莫奚，东部胡之种也。”⑤ 这是库莫奚来源于东胡的最早记载。《册府元龟·外臣部（一）·种族》沿袭了这一说法。从《后汉书》《三国志》的记载可知，东胡包括乌桓与鲜卑⑥。因此，简单地说库莫奚来源于东胡是不科学的。《新唐书·奚传》称库莫奚来源

---

① 《魏书》卷44《宇文福传》，第1000页；《魏书》卷81《宇文忠之传》，第1795页。

② 《魏书》卷103《匈奴宇文莫槐传》，第2304页；《北史·匈奴宇文莫槐传》为：“匈奴宇文莫槐，出辽东塞外，其先南单于之远属也，世为东部大人。”《北史》卷98《匈奴宇文莫槐传》，第3267页。

③ 佟冬：《中国东北史》（第一卷），吉林文史出版社，1987年，第524页。

④ 冯继钦：《有关奚族族源的两个问题》，《求是学刊》1984年第1期。

⑤ （唐）魏徵等：《隋书》卷84《奚传》，中华书局点校本，1973年，第1881页。

⑥ 据《后汉书·乌桓鲜卑列传》载：“乌桓者，本东胡也。”“鲜卑者，亦东胡之支也”，（南朝·宋）范晔：《后汉书》卷90《乌桓鲜卑列传》，中华书局点校本，1965年，第2979、2985页；《三国志·乌丸鲜卑东夷传》：“乌丸、鲜卑即古所谓东胡也。”（西晋）陈寿：《三国志》卷30《魏书·乌丸鲜卑东夷传》，中华书局点校本，1959年，第832页。

于乌桓，也应是由这一说法推测而来。李慎儒《辽史地理志考》、金毓黻《东北通史》、林惠祥《中国民族史》等书均采纳此说[①]。

东胡说应该是《隋书·奚传》的编撰者在没有明确"东胡"内涵的情况下，仅凭主观臆断而得出的结论，从而于无形中扩大了库莫奚来源的范围。所以，此说法不够准确。

四、乌桓说

乌桓说首见于《新唐书·奚传》："奚亦东胡种，为匈奴所破，保乌丸山。汉曹操斩其帅蹋顿，盖其后也。"[②] 傅朗云、杨旸《东北民族史略》一书赞同此说，称"奚，本和契丹族同为一部，附于东胡族。匈奴破东胡，分出乌桓族，曹操征乌桓时所斩之蹋顿，就是库莫奚的始祖"[③]。

《新唐书》在得出库莫奚为乌桓之后这一论断之时，未见新的史料和有力的论据予以证明。推测其源于《隋书·奚传》"奚来源于东胡"，又根据东胡包括乌桓和鲜卑二族而得出的结论。"奚来源于东胡"本身就是一个不准确的结论，《新唐书》在继承《隋书·奚传》时，又借题发挥、妄加推测，将库莫奚的来源误定为乌桓。所以，乌桓说难以成立。

五、与宇文、契丹同出鲜卑说

据《辽史·世表》记载："盖炎帝之裔曰葛乌菟者，世雄朔陲，后为冒顿可汗所袭，保鲜卑山以居，号鲜卑氏。既而慕容燕破之，析其部曰宇文，曰库莫奚，曰契丹……九世为慕容晃[④]所灭，鲜卑众散为宇文氏，或为库莫奚，或为契丹。"[⑤] 按此种说法，库莫奚、宇文氏、契丹同时出

---

① （清）李慎儒：《辽史地理志考》，清光绪二十八年丹徒李氏刻本；金毓黻：《东北通史》，第173页；林惠祥：《中国民族史》（上册），商务印书馆，1993年，第168页。

② （北宋）欧阳修、宋祁等：《新唐书》卷219《奚传》，中华书局点校本，1975年，第6173页。

③ 傅朗云、杨旸：《东北民族史略》，吉林人民出版社，1983年，第94页。同书还认为春秋时期的山戎族可能是古代的库莫奚。其观点前后不一，自相矛盾。

④ 也作"慕容皝"。

⑤ （元）脱脱等：《辽史》卷63《世表》，中华书局点校本，1974年，第949—951页。

现。不言而喻，《辽史》的这种说法自相矛盾，慕容部本为鲜卑的一部分，何以能破鲜卑。即实曾对此种说法有较为详尽的批判①。冯继钦也通过对宇文部、奚、契丹三者出现的时间进行比对，指出史书上从未见过三者同时并存而否定了这一说法②。

干志耿、孙秀仁《黑龙江古代民族史纲》在叙述契丹来源时，提出了与此说相同的见解③。不难发现，这一提法违背了基本史实，以偏概全，前后矛盾，无法自圆其说。景爱在《契丹的起源与族属》一文中对该书的提法进行了有理有据的反驳④。

六、东北夷族说

东北夷族说的提出者是于省吾，他认为甲骨文中的"奚"字，为一披发跪着的奴隶形象，卜辞中曾以族名出现，"貕东北夷名，通作奚"，并认为貕夷之名来源很远，因为它是编发的部落，华人便称之为貕，初字本应作奚⑤。

我们认为，仅依据甲骨文中的一个"奚"字即得出库莫奚来源于东北夷族的结论，未免牵强。首先，随着时间的推移，时代的变迁，文字的写法和含义也随之发生变化。其次，没有其他有说服力的资料相佐证，仅凭一个字来得出一个古代民族的来源，论据是不充分的，结论也难以取信于人。

七、夏代奚仲之后说

该说的提出者为李德山，他认为奚作为族名首先见于甲骨文，是商之异族方国。奚为东胡的一支，其族称来源于黄帝十二姓中建立的奚国，此为夏朝车正奚仲所建。其地望在今山东省滕县，后有一支南迁至荆楚一带，留居滕县未动的奚人大部分入汉族。约在商初，部分奚人迁往东北，到达今河北东部、辽宁西部和内蒙古中、东部。从商至南北朝，奚

① 即实：《契丹国号解》，《社会科学辑刊》1983年第1期。

② 冯继钦：《有关奚族族源的两个问题》，《求是学刊》1984年第1期。

③ 干志耿、孙秀仁：《黑龙江古代民族史纲》，黑龙江人民出版社，1987年。

④ 景爱：《契丹的起源与族属》，《史学集刊》1984年第2期。

⑤ 于省吾：《殷代的奚奴》，《东北人民大学人文科学学报》1956年第1期。

人一直游牧于此①。何光岳与之持有相同看法，他认为，奚人是夏代车正奚仲之后，与薛国同祖，乃皇帝十二姓之一任姓的一支②，并在其《南蛮源流史》一书中有所论证③。

库莫奚作为一个民族，始见于《魏书》，没有充分的论据证明这一民族在夏商时期已存在。夏代车正奚仲之后说以甲骨文里面的一个“奚”字为依据，主观地将库莫奚与“奚”字生硬地联系起来。该说提出自商朝至南北朝，奚人一直游牧于今河北东部、辽宁西部和内蒙古中、东部。不但将《魏书》等文献的相关记载全部忽略，更是在没有充分论据的情况下，凭空将两个相隔近两千年的事物联系在一起。该说难以成立。

综上所述，古今中外有不少学者对库莫奚的来源作了探索和研究，有的直接继承《魏书·库莫奚传》的说法，有的依据《魏书》《隋书》等文献的相关记载，提出了不同看法。这些研究成果对我们了解库莫奚来源有重要作用，尤其是一些有益的探索为我们提供了许多启示和可借鉴之处。

第二节　库莫奚来源考察

我们认为，要研究库莫奚的来源，应该从以下几个方面入手。

第一，文献中关于库莫奚来源的记载是最为直接的依据。对不同文献中的相关记载进行充分的对比和分析是科学、合理地解决这一问题的前提和基础。

第二，与库莫奚同时或先后出现在相同或相邻地域的一些古代部落、部族可能与库莫奚存在一定的关系，这是判断其来源的重要依据。

第三，语言是推断库莫奚来源的重要因素，使用相通或相近语言的部落或者民族可能具有相同的来源。

第四，风俗习惯形成于漫长的历史发展过程中，具有一定的特殊性和稳定性，来源相近的民族在风俗习惯上具有相似性。

---

① 李德山：《奚族增考》，《民族研究》1989 年第 5 期。

② 何光岳：《东胡源流史》，江西教育出版社，2004 年，第 390 页。

③ 何光岳：《南蛮源流史》，江西教育出版社，1988 年，第 214 页。

一、文献记载库莫奚来源于宇文鲜卑

据《魏书·库莫奚传》记载，库莫奚为“东部宇文之别种”[①]，这是关于其来源的最早记载，作为第一手资料，较为可靠。其后的《北史》《通典》《契丹国志》等文献均沿袭了这一说法。

“东部宇文”即“宇文鲜卑”。对于“别种”一词，最早出现于《史记》[②]，后出文献多有沿用。对“别种”的解释，学者们各持己见，大体可归纳为三种说法：其一，“种”相当于“部”，“别种”是主体种类的一个分支[③]；其二，“别种”为与这一种类不同的另一种类，但在政治上有一定的隶属关系[④]；其三，“别种”为这一种类的正胤与非正胤之别[⑤]。

我们认为，对于“别种”一词的理解，要根据具体文献的记载结合特定的历史状况来决定，而不是囿于一个固定的说法。因为史书的编撰者在记述诸多民族来源的时候，用词较为含混，没有发现其固定的用词模式和统一明确的规定。就《魏书·库莫奚传》的记载来看，库莫奚为宇文鲜卑之“别种”应该属于第一种说法，即库莫奚为宇文鲜卑的一个部或是一个分支。

对于库莫奚来源于宇文鲜卑这一历史事实，在《晋书》《魏书》《北史》等文献中均有反映。据记载，东晋初年，慕容鲜卑的首领慕容廆实施了一系列富国强兵的举措，使慕容鲜卑逐渐强盛起来。咸和八年（333），其子慕容皝立。强大起来的慕容皝对段部鲜卑、宇文鲜卑展开兼

---

① 《魏书》卷100《库莫奚传》，第2222页。

② （西汉）司马迁：《史记》卷4《周本纪第四》，中华书局点校本，1959年，第145页。

③ 陈述：《契丹政治史稿》，人民出版社，1986年，第30页注3；景爱：《契丹的起源与族属》，《史学集刊》1984年第2期；刘庆：《“别种”杂说》，《北方文物》1988年第1期。

④ 周一良：《论宇文周之种族》，《匈奴史论文集》，中华书局，1983年；马长寿：《北狄与匈奴》，生活·读书·新知三联书店，1962年，第93、94页；张博泉：《“别种”刍议》，《社会科学战线》1983年第4期。

⑤ 金毓黻：《渤海国志长编》卷19《丛考》，辽阳金氏千华山馆刊本影印，1934年。

并战争。咸和九年（334），慕容皝与后赵石虎结盟，东西夹击攻灭段部。建元二年（344），慕容皝亲率劲旅两万攻伐宇文部，宇文部首领逸豆归遣骁将涉奕干迎战，慕容皝大败涉奕干，尽俘其众，逸豆归远遁漠北，宇文部散灭。宇文部灭亡后，其部众的一部分成了前燕的俘虏，被徙往昌黎（今辽宁省义县）一带，并入慕容鲜卑[①]。另一部分则逃至松漠之间，发展成为后来的奚和契丹两族[②]。

《金史·奚王回离保传》称："库莫奚、契丹起于汉末，盛于隋、唐之间。"[③]《东斋记事》也记载，范镇曾问契丹史官赵志忠：契丹始祖青牛、白马所生八男子迭相君长时"为中原何代？"答曰："约是秦、汉时。"[④]这两条史料即可能是将奚与契丹两族的来源追溯到宇文鲜卑的结果。

所以，从文献记载来看，库莫奚来源于宇文鲜卑是毋庸置疑的。但是，宇文鲜卑本身所具有的特殊性是研究库莫奚来源必须要考虑的问题。

二、宇文鲜卑由匈奴和鲜卑结合而成

要想清晰地了解宇文鲜卑的历史，应从鲜卑说起。鲜卑曾是东胡部落联盟中的一支，西汉初年被匈奴冒顿单于击败，远徙辽东塞外。东汉建武二十四年（48），匈奴分裂为南北两部，南匈奴附汉。元和二年（85），东汉联合乌孙、丁零、乌桓、鲜卑等族进攻北匈奴，北匈奴迅速衰败。永元三年（91），北匈奴被彻底击败，被迫西迁。值此时机，鲜卑大举西进，占据了匈奴故地。此时，有未西迁，留居故地的十余万落匈

---

① 见《晋书·慕容皝载记》，（唐）房玄龄等：《晋书》卷109《慕容皝载记》，中华书局点校本，1974年，第2822页；《魏书》卷103《匈奴宇文莫槐传》，第2305页；《北史》卷98《匈奴宇文莫槐传》，第3268页。

② 据《魏书·库莫奚传》记载，库莫奚"初为慕容元真所破，遗落者窜匿松漠之间"。《魏书》卷100《库莫奚传》，第2222页；《魏书·契丹传》载："契丹国，在库莫奚东，异种同类，俱窜于松漠之间。"《魏书》卷100《契丹传》，第2223页；《隋书·契丹传》载："契丹之先，与库莫奚异种而同类，并为慕容氏所破，俱窜於松、漠之间。"《隋书》卷84《契丹传》，第1881页。

③ （元）脱脱等：《金史》卷67《奚王回离保传》，中华书局点校本，1975年，第1588页。

④ 针对赵志忠的回答，范镇以"恐非也"表示怀疑，但未具体说明。见（宋）范镇撰，汝沛点校：《东斋记事》卷5，中华书局，1980年，第43页。

奴人，自称鲜卑，加入鲜卑部落，逐步融进鲜卑人中[①]。其后，匈奴人葛乌菟被鲜卑人拥立为酋长，统领十二部落，为鲜卑大人。至普回为大人时，始号宇文[②]。

由此可知，宇文部的首领是匈奴人，为鲜卑人所拥立，其部众以鲜卑人为主。十余万落加入鲜卑部落的匈奴人，应在自称鲜卑之后，与由东胡分化而来的地道的鲜卑人一同拥立匈奴贵族为首领，并接受其统治。所以，宇文部的首领是匈奴人，其部众实际上主要由鲜卑人和匈奴人构成。可以说，宇文部由鲜卑人与匈奴人结合而成。

至2世纪，普回子莫那，率其部众离开阴山，迁至辽西。其后，加入了檀石槐鲜卑军事大联盟。檀石槐将控制区域划分为东、中、西三部，宇文氏为东部鲜卑。西晋初，莫圭为宇文部首领，占据老哈河上源一带的紫蒙川（今辽宁省朝阳市西北）地区，其范围大体包括老哈河流域和大凌河流域。此时，段部鲜卑在其南，慕容鲜卑居其东，三者成鼎足之

① 据《后汉书·乌桓鲜卑列传》记载："和帝永元中，大将军窦宪遣右校尉耿夔击破匈奴，北单于逃走，鲜卑因此转徙据其地。匈奴余种留者尚有十余万落，皆自号鲜卑，鲜卑由此渐盛。"《后汉书》卷90《乌桓鲜卑列传》，第2986页；《三国志·魏书·乌丸鲜卑东夷传》裴注引王沈《魏书》亦载："匈奴及北单于遁逃后，余种十余万落，诣辽东杂处，皆自号鲜卑兵。"《三国志》卷30《魏书·乌丸鲜卑东夷传》，第837页。

② 据《周书·文帝纪上》记载："其先出自炎帝神农氏，为黄帝所灭，子孙遁居朔野。有葛乌菟者，雄武多算略，鲜卑慕之，奉以为主，遂总十二部落，世为大人。其后曰普回，因狩得玉玺三纽，有文曰皇帝玺，普回心异之，以为天授。其俗谓天曰宇，谓君曰文，因号宇文国，并以为氏焉。普回子莫那，自阴山南徙，始居辽西，是曰献侯，为魏舅生之国。九世至侯豆归，为慕容晃所灭。"（唐）令狐德棻等：《周书》卷1《文帝纪上》，中华书局点校本，1971年，第1页；《魏书·宇文福传》《魏书·宇文忠之传》称："其先南单于之远属。"《魏书》卷44《宇文福传》、《魏书》卷81《宇文忠之传》，第1000、1795页；《魏书·匈奴宇文莫槐传》称："匈奴宇文莫槐，出于辽东塞外，其先南单于远属也，世为东部大人。"《魏书》卷103《匈奴宇文莫槐传》，第2304页；《北史·匈奴宇文莫槐传》称："匈奴宇文莫槐，出辽东塞外，其先南单于之远属也，世为东部大人。"《北史》卷98《匈奴宇文莫槐传》，第3267页；《新唐书·宰相世系一下》"宇文氏"条也称："宇文氏出自匈奴南单于之裔。有葛乌兔为鲜卑君长，世袭大人，至普回，因猎得玉玺，自以为天授也，俗谓'天子'天子为'宇文'，因号宇文氏。"《新唐书》卷71下《宰相世系一下》，第2403页。

势。随着各部势力的不断发展，经常发生争夺草场、水源、人口和牲畜的战争。在这种与鲜卑部落或战或和的交往过程中，宇文部受鲜卑影响日深，并逐渐鲜卑化。

马长寿曾指出：2世纪中叶匈奴国家灭亡，草原上的匈奴除西迁和南下外，尚有十万多帐落到了辽东郡与鲜卑杂居，皆自号鲜卑或鲜卑兵。《魏书·匈奴宇文莫槐传》记宇文莫槐为匈奴人，“其先为南单于远属”。宇文氏世为东部大人，其部下人民主要为鲜卑族[①]。亦邻真也指出：宇文鲜卑原是阴山地区的匈奴人，“其语言与鲜卑颇异”，后来迁到上都河以东。在东部鲜卑中匈奴人也为数不少[②]。至于宇文鲜卑中匈奴人的数量，囿于史料缺乏，无法确切计算。但十余万落自号鲜卑的匈奴人是一个不小的数目，若按十万落计算，每落5人，则有50余万人口[③]。尤其是对于游牧民族而言，这是一个庞大的人群。

综上所述，在宇文部落中，被鲜卑人拥立为大人的葛乌菟是南匈奴人，宇文部迁徙至辽西的部众中有十余万落自号鲜卑的匈奴人。宇文部迁往辽西之后，与更多的鲜卑部落交往、融合，形成宇文鲜卑。所以，宇文鲜卑与匈奴和鲜卑关系密切，是二者经融合、演变而形成的新的民族共同体。正是因为宇文鲜卑与匈奴的渊源，宇文鲜卑在语言和发式上均表现出与鲜卑的不同[④]。

对于宇文鲜卑的来源，有的学者持不同立场。王希恩认为宇文部在族属上是独立的，既不属于匈奴，也不属于鲜卑。其主要依据为宇文部在习俗和语言方面不同于匈奴，与鲜卑也存在不同之处[⑤]。田广林则认为

---

① 马长寿：《北狄与匈奴》，第50页。

② 亦邻真：《中国北方民族与蒙古族族源》，《内蒙古大学学报》（哲学社会科学版）1979年第Z2期。

③ 人口数据根据林幹和王明珂的说法得出。“一落即一户”，见林幹：《中国古代北方民族史新论》，内蒙古人民出版社，2007年，第19页；“一户5人”，见王明珂：《游牧者的抉择——面对汉帝国的北亚游牧部族》，广西师范大学出版社，2008年，第215页。

④ 宇文鲜卑“语与鲜卑颇异。人皆剪发而留其顶上，以为首饰，长过数寸则截短之。妇女披长襦及足，而无裳焉”。见《北史》卷98《匈奴宇文莫槐传》，第3267页。

⑤ 王希恩：《宇文部族属浅辨》，《西北民族学院学报》（哲学社会科学版）1987年第3期；王希恩在《宇文部史迹勾勒》一文中也表达了这种观点，见《民族研究》1988年第5期。

宇文鲜卑为沦落鲜卑政权之下而改号鲜卑的乌桓残余与匈奴余部重新整合的产物[①]。这些观点均有一定的史料依据，对明确宇文鲜卑的来源起到参考和借鉴作用。

三、库莫奚具有匈奴和鲜卑的双重因素

应当指出，作为游牧民族，因自然条件、社会状况、生产力发展、冲突或战争等因素而导致的民族迁徙是较为经常的事情。在不断迁徙的过程中，各个民族的活动地域不断变化，民族交融的情况经常发生。所以，在诸多民族或战或和、你来我往的发展过程中，往往呈现出“你中有我，我中有你”的特点。如此，经历了漫长的历史过程，一个民族发展到一定的阶段，已经不再是一个单纯的血统集团。或者说一个民族是由一个主要来源，再加入其他民族成分而形成的。如陈述在探讨契丹来源时所言：“契丹、奚、宇文等皆东胡，而此东胡又是极度接近匈奴者。”[②]这一结论即肯定了契丹、奚、宇文等民族属于东胡，并与匈奴存在一定关系。

具体而言，考察库莫奚的来源，既应该看到库莫奚与匈奴的渊源，又不能忽视其与鲜卑的关系。单从一个方面或者过于偏重一个方面而忽略另一方面都是不妥帖的。古代文献说法不一，也多是犯了这种以偏概全的错误。

（一）库莫奚具有匈奴成分

宇文鲜卑由匈奴与鲜卑融合而成。在宇文鲜卑的民族成分里，有大量匈奴人存在。虽然自 1 世纪匈奴灭亡至 4 世纪库莫奚出现有近三百年的时间，但十余万落匈奴人在生息繁衍的过程中必然成为宇文鲜卑的重要组成部分，也必然会对来源于宇文鲜卑的库莫奚产生或多或少的影响。

所以，即使经过了为期不短的历史变迁，《旧唐书》等文献依然将库莫奚的源头追溯到匈奴。《旧唐书》的说法可能是根据《魏书》的相关记载推测而来，但因有新的史源或是因对库莫奚的了解加深，发现其与匈

① 田广林：《契丹源于杂胡，其主体族源为乌桓说》，《昭乌达蒙族师专学报》（汉文哲学社会科学版）1999 年第 5 期。

② 陈述：《契丹政治史稿》，第 31 页。

奴的亲缘关系也是极有可能的。总之，研究库莫奚的来源，不能忽略其与匈奴的关系。

不可否认的是，随着历史的向前发展，宇文部逐渐融入鲜卑部落。宇文部曾加入檀石槐鲜卑军事大联盟，又与段部鲜卑和慕容鲜卑有着较为密切的联系。宇文部逐渐鲜卑化，来源于宇文鲜卑的奚人也更多地保存了鲜卑的痕迹。比对可知，库莫奚与契丹、室韦等属于鲜卑系统的民族具有相通的语言和相近的风俗习惯。

（二）库莫奚与鲜卑系统民族的语言相通

库莫奚的语言与鲜卑系统的契丹、室韦等民族的语言相通，这在文献中多有体现。《辽史·耶律曷鲁传》称："契丹与奚言语相通。"①《辽史·国语解》称："辽之初兴，与奚、室韦密迩，土俗言语大概近俚。"②《魏书·失韦传》《北史·室韦传》在记述室韦语言时，也指出，室韦"语与库莫奚、契丹、豆莫娄国同"③。可见，库莫奚与契丹、室韦等民族的语言相通或相近。

同时，库莫奚与契丹、室韦存在词语通用的情况，如《周书·库莫奚传》《隋书·奚传》和《北史·奚传》中的"莫贺弗"为库莫奚的一个部落名称，亦为契丹和室韦用作对部落首领的称呼④。

亦邻真根据巴黎收藏的敦煌藏文书卷P1283号，契丹"语言与吐谷浑大体相通"的记载，认为"契丹人的语言是鲜卑语的嫡裔"⑤。中外较多学者的相关论证也表明，鲜卑与匈奴不是同一语族⑥。因此可以推理，库

---

① 《辽史》卷73《耶律曷鲁传》，第1220页。

② 《辽史》卷116《国语解》，第1533页。

③ 《魏书》卷100《失韦传》，第2221页；《北史》卷94《室韦传》，第3129页。

④ 据《隋书·高祖纪上》载，开皇四年五月癸酉，"契丹主莫贺弗遣使请降，拜大将军"。《隋书》卷1《高祖纪上》，第21页；《旧唐书·室韦传》载，室韦国"无君长，有大首领十七人，并号'莫贺弗'"。《旧唐书》卷199下《室韦传》，第5357页。

⑤ 亦邻真：《中国北方民族与蒙古族族源》，《内蒙古大学学报》（哲学社会科学版）1979年第Z2期。

⑥ 马长寿：《北狄与匈奴》，第50页；马长寿：《乌桓与鲜卑》，上海人民出版社，1962年，第176页；何星亮：《匈奴语试释》，《中央民族学院学报》1982年第1期。

莫奚的语言属于鲜卑语言系统，与匈奴不同。

（三）库莫奚与鲜卑系统民族的风俗习惯相近

库莫奚与鲜卑系统民族的风俗相近主要体现在葬俗方面。《周书》《隋书》《通典》《册府元龟》等文献均记载库莫奚有“死者以苇薄裹尸，悬之树上”[①]的葬俗，这与契丹、室韦的葬俗十分相似。据《契丹国志·国土风俗》载：“但以其尸置于山树上，经三年后，乃收其骨而焚之……其风俗与奚、靺鞨颇同。”[②]室韦族人死之后，也将尸体“置于林树之上”[③]。另外，通过文献记载可以发现，其他族系的葬俗与鲜卑族系有明显的区别[④]。

语言和风俗习惯形成于一个漫长的历史过程中，是一个民族系统区别于其他民族系统的重要标志之一。库莫奚与鲜卑系统的契丹、室韦等

---

① 《周书》卷49《库莫奚传》，第899页；《隋书》卷84《奚传》，第1881页；《通典》卷200《库莫奚》，第5484页；《册府元龟》卷961《奚》，第11313页。

② 《契丹国志》卷23《国土风俗》，第221页；《隋书·契丹传》载：“但以其尸置于山树之上，经三年之后，乃收其骨而焚之。”《隋书》卷84《契丹传》，第1881页；《北史·契丹传》亦载：“但以其尸置于山树之上，经三年后，乃收其骨而焚之。”《北史》卷94《契丹传》，第3128页；《旧唐书·契丹传》也称：“其俗死者不得作冢墓，以马驾车送入大山，置之树上，亦无服纪。”《旧唐书》卷199下《契丹传》，第5350页。

③ 《魏书》卷100《失韦传》，第2221页；《隋书·室韦传》载：“部落共为大棚，人死则置尸其上。”《隋书》卷84《室韦传》，第1882页。

④ 如勿吉（靺鞨）的葬俗为春夏土葬，秋冬风葬。据《魏书·勿吉传》记载：“其父母春夏死，立埋之，冢上作屋，不令雨湿；若秋冬，以其尸捕貂，貂食其肉，多得之。”《魏书》卷100《勿吉传》，第2220页；《北史·勿吉传》亦载：“其父母春夏死，立埋之，冢上作屋，令不雨湿；若秋冬死，以其尸捕貂，貂食其肉，多得之。”《北史》卷94《勿吉传》，第3124、3125页。靺鞨是土葬。据《旧唐书·靺鞨传》记载：“死者穿地埋之，以身衬土，无棺敛之具，杀所乘马于尸前设祭。”《旧唐书》卷199下《靺鞨传》，第5358页。高句丽是土葬，如《南史·高句丽传》所言：“其死葬，有椁无棺……积石为封，列植松柏。”（唐）李延寿：《南史》卷79《高句丽传》，中华书局点校本，1975年，第1970页。沃沮也是土葬。据《后汉书·东沃沮传》所载：“新死者先假埋之，令皮肉尽，乃取骨置椁中。”《后汉书》卷85《东沃沮传》，第2816页。再如突厥的葬俗，据《隋书·突厥传》记载：人死之后，“择日置尸马上而焚之，取灰而葬”。《隋书》卷84《突厥传》，第1864页。

民族在语言和风俗习惯等方面存在相似性，可以进行统一考察，是研究其密切关系的重要依据[①]。

至于《五代会要·奚》称库莫奚“语与契丹小异”[②]和宋绶所言库莫奚“语言风俗与契丹不同”[③]的记载应视具体情况具体分析。库莫奚与契丹在语言上出现细微偏差是很有可能的，尤其是到了宋使宋绶出使辽国的时候，奚人与契丹人、汉人、渤海人杂居而处，会在各个方面受到影响，语言、风俗与契丹稍有差别也属情理之中。但这种特殊现象不能作为否定库莫奚与契丹语言相通这一基本史实的依据。

综上所述，因宇文鲜卑与匈奴和鲜卑均具有密切关系，来源于宇文鲜卑的库莫奚在来源上就具有了复杂性。库莫奚既具有匈奴成分，又在语言和风俗习惯等方面与鲜卑系统的契丹、室韦等民族相通或者相似。所以，库莫奚既与匈奴有一定的渊源，又与鲜卑关系密切，既包含匈奴元素，也包含鲜卑元素。因而，库莫奚属东胡系统，直接来源于宇文鲜卑，并含有匈奴成分的结论应该符合基本史实。简单地说库莫奚来源于东胡或匈奴都不能准确地说明库莫奚的族属来源这一问题。

---

① 白鸟库吉《东胡民族考》将东胡、乌桓、鲜卑、宇文、吐谷浑、乞伏、秃发、拓跋、地豆于、霫、室韦、羯、柔然、奚、契丹等民族衔接起来，当作前后继承的蒙古人来考察。亦邻真《中国北方民族与蒙古族的族源》在探讨蒙古族族源之时也指出：“东胡人及其后裔的居地大体上就是内蒙古东部地区。从昭乌达松漠到额尔古纳河流域，是以东胡人和他们的后裔——鲜卑人、后来的契丹人、室韦—达怛人为主体的语言相同或相近，地域相连，风俗习惯也相似的各个部落的居住地，可以称作东胡及其后裔历史民族区。对这一历史民族区的各个主要的民族学共同体，应该当作一系列有历史继承关系的对象来把握。”

② 《五代会要》卷28《奚》，第452页。

③ （清）厉鹗：《辽史拾遗》卷13宋绶《上契丹事》，商务印书馆，1936年，第253页。

第三章　库莫奚的政治军事

中国古代北方民族有政治、军事一体化的传统，库莫奚也是如此。库莫奚的政治军事形态可以归纳为三方面内容：北朝至隋代，库莫奚以部落联盟的形式统辖各部，联盟首领是最高的政治军事长官；唐代，库莫奚处于唐朝设置的饶乐都督府的管辖之下，奚人担任饶乐都督；辽代，契丹在奚人聚居的辽中京设置奚大王府，奚大王府拥有相对独立的政治军事地位。

第一节　部落联盟

北魏时期，库莫奚即以部落的形式存在。据《魏书·太祖纪》记载，登国三年（388）五月癸亥，拓跋珪“北征库莫奚。六月，大破之，获其四部杂畜十余万，渡弱落水”。同年秋七月庚申，“库莫部帅鸠集遗散，夜犯行宫，纵骑扑讨，尽杀之”[①]。《魏书·库莫奚传》亦载：“登国三年，太祖亲自出讨，至弱洛水南，大破之，获其四部落。”[②]综合以上史料所载，库莫奚曾于388年遭到拓跋珪所率北魏大军的攻击，在今天西拉木伦河以南惨败，四个部落损失了人众和十余万杂畜。可知北魏时期库莫奚部落的数量至少有四个，文献未言具体的部落名称，其部落首领称为“帅”。至于四部是否已经结为联盟，缺乏证据。但从被北魏击破后损失牲畜十余万，败后又迅速组织部众兵犯北魏皇帝行宫来看，应该具有了相当的经济实力和社会组织能力。关于这一时期奚人政治军事组织的史料只鳞片爪，难知其详。大致可以归因于库莫奚刚从宇文鲜卑中分化出来不久，与北魏未有过多的联系和往来，北魏对其具体情况也所知甚少。

---

① 《魏书》卷2《太祖纪》，第22页。

② 《魏书》卷100《库莫奚传》，第2222页。

北朝后期，库莫奚部落有所发展，文献明确记载有五部。《周书·库莫奚传》称库莫奚的五个部落："一曰辱纥主，二曰莫贺弗，三曰契箇，四曰木昆，五曰室得。每部置俟斤一人。有阿会氏者，最为豪帅，五部皆受其节度。"[①] 由此可知，这一时期库莫奚有了具体称谓的五个部落，每部设有"俟斤"[②] 一职，即部落酋长，管理本部落人众，负责部落内部事务。由于阿会氏是五部中势力最为强大、素有威望的氏族，因此被推举为联盟长，负责管理、协调五个部落间的事务，遇有战事等对外事宜，五部皆受其节制和指挥。从文献记载反映的情况看，从北魏到北周，奚人已经由部落制过渡到部落联盟制。

到了隋代，库莫奚的五部"一曰辱纥王，二曰莫贺弗，三曰契箇，四曰木昆，五曰室得。每部俟斤一人为其帅"[③]，"有阿会氏，五部中为盛，诸部皆归之"[④]。隋代库莫奚的部落名称与北朝时期的完全一致，且诸部落"俟斤"的设置和"阿会氏"为诸部联盟长的组织形式也没有变化。

唐朝初年，奚人过着逐水草而居、毡帐为营的游牧生活。共分为五部，"每部置俟斤一人"，在奚王牙帐的周围，常有"五百人持兵自卫"，其余的部落则散居山谷间，以射猎为生，没有统一的赋税制度[⑤]。由此

---

① 《周书》卷 49《库莫奚传》，第 899 页。《北史·奚传》《通典·库莫奚》《册府元龟·奚》《契丹国志·四京本末》等文献关于库莫奚部落的记载均与《周书·库莫奚传》同。

② 关于"俟斤"这一官职，在文献中多有记载。《资治通鉴》卷 148《梁纪四》载："俟斤，柔然大臣之号。俟，渠希翻。尉，纡勿翻。"（北宋）司马光著，中华书局，1956 年，第 4633 页。《资治通鉴》卷 180《隋纪四》又载："铁勒者，匈奴之遗种。族类最多，有仆骨、同罗、契苾、薛延陀等部，其酋长皆号俟斤。"第 5622 页，《古今姓氏书辨证》卷 22 称，"突厥大臣曰俟斤，世其官而无员限，其先世官者俟斤氏，后改为艾氏。"（宋）邓名世撰，王云五校：《古今姓氏书辨证》，商务印书馆，1936 年，第 304 页。《辽史》卷 116《国语解》称"俟斤"为突厥官名，第 1548 页。综上可知，"俟斤"并不是某一个民族所独有，诸多古代北方民族如柔然、突厥、铁勒诸部、契丹、霫等均有这一官称。

③ 《隋书》卷 84《奚传》，第 1881 页。《隋书·奚传》把《周书·库莫奚传》中的"辱纥主"写作"辱纥王"，应为编撰者的笔误，不足为据。之后的文献也以《周书》为准。

④ 《隋书》卷 84《奚传》，第 1881 页。

⑤ 《旧唐书》卷 199 下《奚传》，第 5354 页。

可知，库莫奚的社会还处于部落联盟时期，这时的部落联盟首领被称为“奚王”，奚王拥有特权，有专门的军队进行保护。但诸部落只是在军事行动中才统一起来，一致对外。平时既没有特定的管理制度，也没有统一的赋税制度，各自为政，互不统属。

库莫奚的部落联盟时期，每个部落设置“俟斤”一人管理部落内部事务，一般是通过军事民主制选举而来。联盟首领由实力最强盛的阿会氏担任，这些首领具有强大的氏族势力和军事实力，且其本人必须法断严明，有足够的能力调节诸部落之间的关系。除了处理部落之间的内部矛盾外，联盟首领还应具有统领和指挥诸部在对外战争中取得胜利的能力，尽其所能为本民族创造利益。如恩格斯所言：“在部落联盟的内部，实行军事民主制的政治形式，一般而言，每个部落有自己的首领，建立部落联盟之后，有一个各部共选的联盟首领。这个联盟的首领，即是调节各部落之间的关系、协调对外部战争的总指挥。”①

部落联盟是一个民族发展到一定阶段的必然产物，它是这个民族和其部落求得生存和发展的一种途径。对于库莫奚而言，部落联盟的建立在库莫奚的发展历程中具有里程碑式的意义。正是因为部落联盟的形成，在部落和联盟首领管辖和带领之下，库莫奚在大的军事行动中，能够成为一个临时组织起来、一致对外的整体。这是库莫奚联合本族诸部落防范北朝、隋政权以及契丹、突厥、柔然等民族进攻的需要，也是与这些政权或民族争夺生存和发展空间，不断开拓疆域的需要。正是因为部落联盟的形成，库莫奚才能不断发展和壮大，到了唐代，与契丹并称“两蕃”②,成为唐朝北部边疆的重要势力。随着库莫奚自身的发展和与唐朝关系的变化，库莫奚的政治军事也发生了重要变化。

第二节　饶乐都督府

唐朝逐渐强盛之后，在周边民族地区设立羁縻府州对当地民族部

① 〔德〕恩格斯:《家庭、私有制和国家的起源》,《马克思恩格斯选集》(第四卷),人民出版社，1972年，第19页。

② 《旧唐书》卷199下《奚传》，第5354页。

众进行管辖。据文献记载，贞观四年（630），唐朝平定东突厥后，就如何安置东突厥的降户，李大亮上书言："其自竖立称藩附庸者，请羁縻受之，使居塞外，必畏威怀德，永为藩臣，盖行虚惠，而收实福矣。"[①]于是，唐廷针对这一问题展开了一场争论，最后唐太宗采纳了温彦博的建议，"全其部落，顺其土俗，以实空虚之地，使为中国扞蔽"。并以此作为建置羁縻府州的基本方针，推行到周边各个少数民族地区[②]。

据《新唐书·奚传》记载，贞观二十二年（648），库莫奚首领"可度者内附，帝为置饶乐都督府，拜可度者使持节六州诸军事、饶乐都督，封楼烦县公，赐李氏。以阿会部为弱水州，处和部为祁黎州，奥失部为洛瓌州，度稽部为太鲁州，元俟折部为渴野州，各以酋领辱纥主为刺史，隶饶乐府"[③]。

在饶乐都督府的管辖之下，唐先后在奚境设置九州，即鲜州、崇州、顺化州、归义州、弱水州、祁黎州、洛瓌州、太鲁州、渴野州。其中弱水州、祁黎州、洛瓌州、太鲁州、渴野州分别以库莫奚的五个部落阿会部、处和部、奥失部、度稽部、元俟折部所置。饶乐都督由库莫奚酋领担任，库莫奚五部所设的五州各置有刺史一职，归饶乐都督管辖。

从形式上看，唐代库莫奚的各部落还是以联盟为基础，诸刺史均受饶乐都督的管辖。但与以往不同的是，饶乐都督府要受唐政府所设置的营州都督府和其后的平卢节度使控制[④]。也就是说，库莫奚的自身事务不只是由奚王和诸部落的首领以及所组成的部落联盟所决定，身为饶

---

① 《旧唐书》卷 62《李大亮传》，第 2388、2389 页。

② 《资治通鉴》卷 193《唐纪九》太宗贞观四年，第 6076 页。

③ 《新唐书》卷 219《奚传》，第 6173、6174 页。

④ 开元五年（717），唐玄宗于柳城（今辽宁省朝阳市）复置营州都督府。见《旧唐书》卷 199 下《奚传》，第 5355 页；《新唐书·宋庆礼传》亦载："初，营州都督府治柳城，扼制奚、契丹。武后时，赵文翙失两蕃情，攻残其府，更治东渔阳城。"《新唐书》卷 130《宋庆礼传》，第 4494 页；开元五年，唐在营州置平卢军使，并于开元七年（719）升平卢军使为平卢军节度使，经略河北支度、管内诸蕃及营田等使，兼领安东都护及营、辽、燕三州，以更有效地监管和控制奚人。见《新唐书》卷 66《方镇三》，第 1832、1833 页。

乐都督和诸州刺史的库莫奚首领是由唐政府册封而来，并受其所设置的行政机构监督和管辖。在一定程度上，库莫奚是唐中央的一个属部，但在库莫奚内部，饶乐都督还是诸部的最高首领，还是部落联盟的形式，库莫奚对唐的朝贡或战争等行为基本是在饶乐都督的组织下进行的。诚然，唐朝对库莫奚相对有效的管辖主要是在唐太宗和唐玄宗时期，在其他时期，唐廷对奚人及饶乐都督府的管辖基本是毫无作为，听之任之。

在与唐保持友好往来的过程中，库莫奚首领与唐宗室公主和亲、奚人上层人物得到唐的册封，他们还有机会到唐朝学习和生活。这在奚人的上层社会中产生了重要影响，为他们接受唐朝的先进事物和文化提供了有效途径，也加速了库莫奚社会内部的贫富分化和阶级的产生。库莫奚与唐的朝贡和边境贸易往来频繁，互通有无，也为库莫奚普通民众的生产和生活注入了新的元素。

考察饶乐都督府的历代首领，可知其继承原则开始由部落联盟时期的军事民主选举制向家族世袭制转变，如身为饶乐都督的李大酺死后，其弟李鲁苏袭其位[①]；“李诗死，子延宠嗣”[②]。通过这些记载不难发现，随着时代的发展，世袭制在库莫奚的社会中出现，这些制度上的变化，是社会进步的需要，也是社会发展的必然趋势。诚如恩格斯所言：“掠夺战争加强了最高军事首长以及下级军事首长的权力；习惯地由同一家庭选出他们的后继者的办法，特别是从父权制确定以来，就逐渐变为世袭制。”[③]

至于饶乐都督府的府地位置，考古资料显示，辽代饶州即唐代之饶乐都督府，位于内蒙古自治区赤峰市林西县双井店乡西英桃沟村东。该遗址北依群山，西北距县政府所在地 60 千米，南距西拉木伦河 250 米[④]。然而，据《辽史》《元史》《清史稿》等文献记载，饶乐都督府的府地为

① 《旧唐书》卷 199 下《奚传》，第 5355 页。

② 《新唐书》卷 219《奚传》，第 6174、6175 页。

③ 〔德〕恩格斯：《家庭、私有制和国家的起源》，《马克思恩格斯选集》（第四卷），第 160 页。

④ 王刚：《辽饶州及长乐临河安民三县调查》，《内蒙古文物考古》1998 年第 1 期。

今内蒙古自治区赤峰市宁城县[①]。据孟广耀考证,开元二十二年（734）唐朝改饶乐都督府为奉诚都督府前后[②],饶乐都督府的治所既移至今内蒙古自治区赤峰市宁城县境内[③]。这一结论较为可信。

第三节 奚大王府

库莫奚诸部相继归降契丹后，契丹待之“拟于国族”[④]，并世代与之联姻[⑤]。辽太祖耶律阿保机还遵循“各安旧风,狃习劳事”[⑥]的原则,在奚境设立奚王府。奚王府的政治地位较高，与南大王府、北大王府和乙室王府并为辽廷的四大王府。奚王府位于辽中京大定府（今内蒙古自治区赤峰市宁城县大明城）附近（图四、图五），管辖库莫奚的主体部落，即

① 据《辽史·地理志三》中京大定府条记载：“唐太宗伐高丽，驻跸于此。部帅苏支从征有功。奚长可度率众内附，为置饶乐都督府。”《辽史》卷39《地理志三》，第481页。《元史·地理志二》载：“大宁路。本奚部，唐初其地属营州，贞观中奚酋可度内附，乃置饶乐郡。辽为中京大定府。”（明）宋濂等:《元史》卷59《地理志二》，中华书局点校本，1976年，第1397页。《清史稿·地理志二十四》载：“喀喇沁部二旗，新增一旗曰中旗：在喜峰口东北。秦、汉，辽西郡境。唐，饶乐都督府，后入契丹。辽置中京大定府。金，北京。元，大宁路。”（清）赵尔巽等:《清史稿》卷77《地理志二十四》，中华书局点校本，1977年，第2401页。

② 对于唐朝改饶乐都督府为奉诚都督府的具体时间,《旧唐书·玄宗纪上》为开元二十二年（734）九月壬申。《旧唐书》卷8《玄宗纪上》，第201页。《新唐书·地理志七下》为开元二十三年（735）。《新唐书》卷43下《地理志七下》，第1126页。此以开元二十二年九月壬申为准。

③ 孟广耀认为，奚的政治、经济和文化中心即牙帐，原在饶乐水北岸即辽代饶州遗址，后来南迁至土护真水左岸即今昭乌达盟宁城县附近。而牙帐南移的具体时间应在开元二十二年前后，唐朝改饶乐都督府为奉诚都督府就是奚王牙帐南下的有力证据。既然奚王牙帐已离开了饶乐水，再以“饶乐”相称就没有实际意义了，因之换掉“饶乐”一词也是合乎情理的。见《唐代奚族驻牧范围变迁考论》,《内蒙古师范大学学报》1983年第1期。

④《辽史·百官志一》称：“辽太祖有帝王之度者三：代遥辇氏，尊九帐于御营之上，一也；灭渤海国，存其族帐，亚于遥辇，二也；并奚王之众，抚其帐部，拟于国族，三也。”《辽史》卷45《百官志一》，第711页。

⑤《金史·奚王回离保传》：“奚有五王族，世与辽人为婚”,《金史》卷67《奚王回离保传》，第1587页。

⑥《辽史》卷32《营卫志中》，第377页。

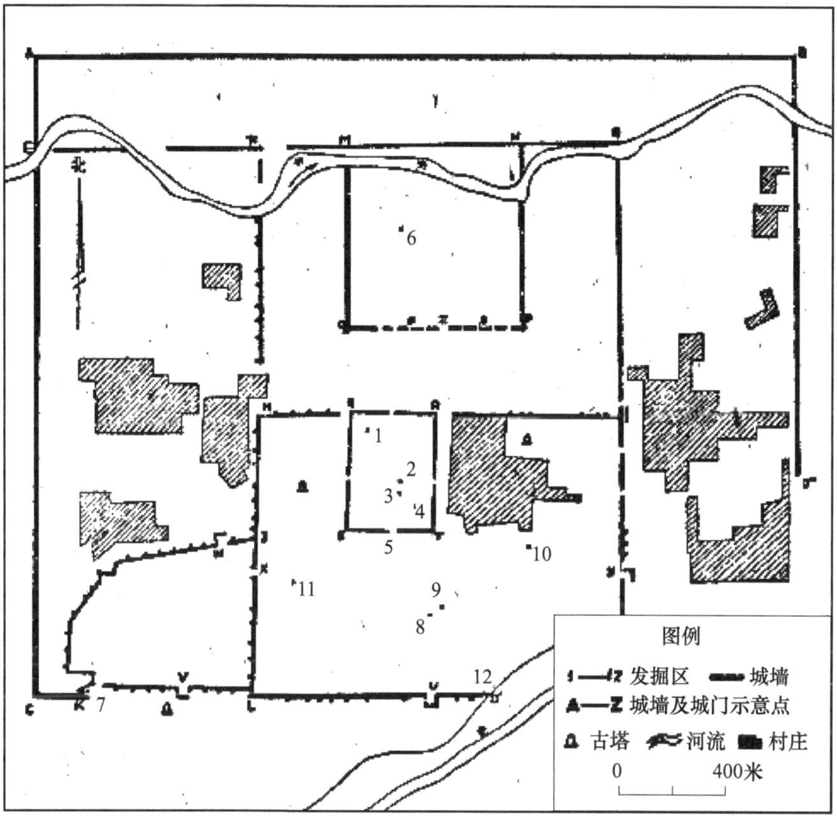

图四　辽中京遗址平面图
（内蒙古自治区文物考古研究所：《考古揽胜：内蒙古自治区文物考古研究所 60 年重大考古发现》，文物出版社，2014 年，第 249 页）

辽初的库莫奚六部落，伯德部、楚里部、奥里部、遥里部、梅只部和阿保机所设立的堕瑰部。奚王府的最高首领为奚王。奚王，也被称作奚帅、酋长、长、帅、奚六部长、奚六部大王[①]。

① 例如，对奚王可度者的记载，《旧唐书·太宗纪下》称作“奚帅”；《旧唐书·奚传》称作“酋长”；《新唐书·奚传》称作“长”。再比如对奚王茹羯的记载，《新唐书·奚传》称作“帅”；《旧唐书·文宗纪下》称作“奚王”。和朔奴曾为奚六部长，萧观音奴、萧蒲奴、萧韩家奴、回离保都曾担任过奚六部大王一职，见《辽史》中各传。需要说明的是，《辽史·萧观音奴传》记载，萧观音奴，“统和十二年，为右祗候郎君班详稳，迁奚六部大王”。《辽史》卷 85《萧观音奴传》，第 1314 页；《辽史·圣宗纪五》称，统和十九年（1001）辛巳，“以祗候郎君班详稳观音为奚六部大王”。《辽史》卷 14《圣宗纪五》，第 156 页。《辽史·圣宗纪五》中的“观音”与“萧观音奴”应为同一个人，两处记载的年代不同，应为编撰者之误。

图五　辽中京城内大塔

（内蒙古自治区文物考古研究所：《考古揽胜：内蒙古自治区文物考古研究所 60 年重大考古发现》，文物出版社，2014 年，第 250 页）

奚王拥有对所辖库莫奚六部内部事务的决定权。作为朝廷的重要官员，奚王是辽朝皇帝的股肱之臣，会适时得到皇帝的赏赐[①]。与以往不同的是，过去奚王是库莫奚诸部落联盟的总首领，但此时的奚王是辽管辖库莫奚诸部落的代表，受朝廷的监督和控制。据《辽史拾遗补》记载："太祖一举并吞奚国，仍立奚人依旧为奚王，命契丹监督兵甲。"[②]辽廷还采取"崇乙室以抗奚王"[③]的政策。同时，历代奚王几乎都由辽廷任命，

① 据《辽史·圣宗纪上》记载，统和元年（983）戊寅，"遣使赐于越休哥及奚王筹宁、统军使颇德等汤药"。《辽史》卷 10《圣宗纪一》，第 108 页。

② 王云五：《辽史拾遗补》卷 1《赵志忠北廷杂记》，商务印书馆，1935 年，第 1 页。《资治通鉴·后梁纪下》也称：辽太祖"击奚，灭之，复立奚王而使契丹监其兵"，《资治通鉴》卷 266《后梁纪下》太祖开平元年，第 8679 页。

③ 《辽史》卷 45《百官志一》，第 711 页。

如萧观音奴、和朔奴、萧蒲奴、萧韩家奴、回离保等都是辽廷从奚王后裔或是奚大部族中挑选出来的[①]。奚王必须服从辽廷的命令，其权限也是在辽廷允许的范围之内。奚王在管理好奚王府内部事务的同时，要对朝廷尽特定的义务。奚王对朝廷的义务主要包括以下几个方面。

第一，奚王要定期向辽廷朝贡。若是没有按照规定的时间前去朝贡会遭到辽廷的责备[②]。同时，辽廷还会适时减免奚王诸部的朝贡次数和所贡物品[③]。

第二，奚王有向辽廷提供物质资助的义务。据《辽史·圣宗纪》记载："奚王筹宁……进助山陵费。"[④]

第三，奚王有随辽廷出征的义务。据《辽史·营卫志中》称，奚六部"胜兵甲者即著军籍，分隶诸路详稳、统军、招讨司"[⑤]。奚王府既是行政管理机构，又是奚人军队的统率机构。辽朝遇有战事，向诸道发诏征兵，"惟南、北、奚王，东京渤海兵马，燕京统军兵马"[⑥]。奚王听从朝廷

---

① 据《辽史·萧观音奴传》记载，萧观音奴，字耶宁，为"奚王搭纥之孙。统和十二年（994），为右祗候郎君班详稳，迁奚六部大王"。《辽史》卷85《萧观音奴传》，第1314页；《辽史·奚和朔奴传》记载，和朔奴，字筹宁，为"奚可汗之裔。保宁中，为奚六部长"。《辽史》卷85《奚和朔奴传》，第1317页；《辽史·萧蒲奴传》称，萧蒲奴，字留隐，是"奚王楚不宁之后……开泰间……迁奚六部大王……重熙六年（1037），改北阻卜副部署，再授奚六部大王……［重熙十六年（1047）］复为奚六部大王"。《辽史》卷87《萧蒲奴传》，第1335页；《辽史·萧韩家奴传》称，萧韩家奴，字括宁，"奚长渤鲁恩之后……太平中……改奚六部大王"。《辽史》卷96《萧韩家奴传》，第1399页；《辽史·奚回离保传》称，奚回离保是"奚王忒邻之后……天庆间……迁奚六部大王"。《辽史》卷114《奚回离保传》，第1516页。

② 据《辽史·太宗纪下》记载，会同三年（940）二月乙亥，"奚王劳骨宁率六节度使朝贡……三月壬申……以奚王劳骨宁监军寅你已朝谒不时，切责之"。《辽史》卷4《太宗纪下》，第47页。

③ 据《辽史·圣宗纪四》称，统和十五年（997）夏四月乙未朔，"罢奚五部岁贡麕……冬十月壬辰朔，驻跸驼山，罢奚王诸部贡物"。《辽史》卷13《圣宗纪四》，第149、150页。

④《辽史》卷10《圣宗纪一》，第108页。

⑤《辽史》卷32《营卫志中》，第377页。

⑥《辽史》卷34《兵卫志上》，第397页。

的调遣参加对外战争在《辽史》中多有记载[①]。当奚王在对外作战中表现不佳、不能取胜之时，会受到辽廷的责罚[②]。

奚王府作为一个相对独立的行政机构，下设二常衮、二宰相、吐里太尉、奚六部汉军详稳、奚拽剌详稳、先离挞览官、监军等十二个官职[③]。

二常衮、二宰相。奚王府下有常衮、宰相各二人，为辽太宗即位时设立[④]，其地位仅次于奚王，辅佐奚王处理日常事务。据《辽史·国语解》称："常衮，官名。掌遥辇部族户籍等事；奚六部常衮掌奚之族属。"[⑤]其中二宰相自设立以来一直存在，二常衮一职曾有过间断，至辽圣宗统和

---

① 据《资治通鉴·后汉纪一》记载，天福十二年（947），辽太宗攻打西晋，奚王拽剌一直随军征战。《资治通鉴》卷286《后汉纪一》高祖天福十二年，第9354页；《旧五代史·赵在礼传》记载，契丹伐后晋时，奚王拽剌也是重要的力量之一。（北宋）薛居正等：《旧五代史》卷90《赵在礼传》，中华书局点校本，1976年，第1178、1179页；《辽史·景宗纪下》载，乾亨元年（979）九月己卯，奚王抹只与辽廷大将各率所部兵南伐。《辽史》卷9《景宗纪下》，第102页，《辽史·圣宗纪二》载，统和四年（986）四月戊申，在与北宋的战争中，奚王筹宁表现出色，并得到圣宗的奖赏。《辽史》卷11《圣宗纪二》，第121、122页，《辽史·圣宗纪三》载，统和六年（988）冬十月丙子，奚王筹宁"奏破狼山捷"。《辽史》卷12《圣宗纪三》，第132页。《辽史·圣宗纪四》载，统和十三年（995）秋七月丁巳，"兀惹乌昭度、渤海燕颇等侵铁骊，遣奚王和朔奴等讨之"。《辽史》卷13《圣宗纪四》，第146页；《续资治通鉴》也记载，宋景德元年（1004）癸酉，辽主与太后大举南下，以统军使兰陵郡王萧达兰、奚六部大王萧观音奴为先锋，分兵掠威虏、顺安军。（清）毕沅撰：《续资治通鉴》卷24，上海古籍出版社影印本，1985年。

② 据《辽史·圣宗纪四》记载，统和十四年（996）四月，"奚王和朔奴、东京留守萧恒德等五人以讨兀惹不克，削官"。《辽史》卷13《圣宗纪四》，第148页。《辽史·奚和朔奴传》载，统和十三年秋，"迁都部署，伐兀惹。驻于铁骊，秣马数月，进至兀惹城。利其俘掠，请降不许，令急攻之。城中大恐，皆殊死战。和朔奴知不能克，从副部署萧恒德议，掠地东南，循高丽北界而还。以地远粮绝，士马死伤，诏降封爵，卒"。《辽史》卷85《奚和朔奴传》，第1318页。二者的记载在时间上不同，实为同一件事。

③《辽史》卷46《百官志二》，第726页。

④《辽史》卷33《营卫志下》，第387页。

⑤《辽史》卷116《国语解》，第1536页。

八年（990）又恢复设置①。

吐里太尉。《辽史·国语解》称："吐里，官名，与奚六部秃里同。吐，秃字讹。"② 据岛田正郎考证："吐里太尉作为奚部的军政长官，由契丹人任职，掌兵甲之事。"③ 文献中所见做过奚王府吐里太尉的均是契丹人，耶律氏，且为有一定家族背景和社会地位的贵族④。辽廷将这一职务归由契丹掌管，其重要程度可见一斑。在辽的军事活动中，常有奚吐里带兵参加⑤。

奚六部汉军详稳。《辽史·国语解》称："详稳，诸官府监治长官。"⑥ 奚六部汉军详稳的主要职责是管理奚部内汉人兵丁之事⑦。

---

① 《辽史·奚和朔奴传》称，统和八年（990），奚和朔奴"上表曰：'臣窃见太宗之时，奚六部二宰相、二常衮，诰命大常衮班在酋长左右，副常衮总知酋长五房族属，二宰相匡辅酋长，建明善事。今宰相职如故，二常衮别无所掌，乞依旧制。'从之"《辽史》卷85《奚和朔奴传》，第1318页。

② 《辽史》卷116《国语解》，第1549页。

③ 〔日〕岛田正郎著：《辽代的部族制度》，何天明编译，《蒙古学信息》2001年第2期。

④ 据《辽史·萧思温传》记载，萧思温，"宰相敌鲁之族弟忽没里之子……太宗时为奚秃里太尉"《辽史》卷78《萧思温传》，第1267页。《辽史·萧敌烈传附萧拔剌传》载，萧拔剌，"开泰间……累迁奚六部秃里太尉"《辽史》卷88《萧敌烈传附萧拔剌传》，第1340页。《辽史·耶律韩留传》载，耶律韩留，"仲父隋王之后……重熙元年（1032），累迁至同知上京留守，改奚部秃里太尉"《辽史》卷89《耶律韩留传》，第1352页。《辽史·耶律何鲁扫古传》载，耶律何鲁扫古，"孟父房之后……大康中，历怀德军节度使、奚六部秃里太尉"《辽史》卷94《耶律何鲁扫古传》，第1384页。《辽史·耶律特麽传》载，耶律特麽，"季父房之后。重熙间，为北剋，累迁奚六部秃里太尉"《辽史》卷95《耶律特麽传》，第1392页。《辽史·耶律阿息保传》载，耶律阿息保，"五院部人。……［天庆］六年（1116）……寻为奚六部秃里太尉"《辽史》卷101《耶律阿息保传》，第1434、1435页。

⑤ 据《辽史·太宗纪上》记载，天显三年（928）三月乙丑，"猎松山。唐义武军节度使王都遣人以定州来归。唐主出师讨之，使来乞援，命奚秃里铁剌往救之"《辽史》卷3《太宗纪上》，第28页。《辽史·道宗纪五》记载，大安八年（1082）十月辛酉，"阻卜磨古斯杀金吾吐古斯以叛，遣奚六部秃里耶律郭三发诸蕃部兵讨之"《辽史》卷25《道宗纪五》，第300、301页。

⑥ 《辽史》卷116《国语解》，第1537页。

⑦ 〔日〕岛田正郎著：《辽代的部族制度》，何天明编译，《蒙古学信息》2001年第2期。

奚拽剌详稳。《辽史·国语解》称："拽剌，官名，军制有奚拽剌司，此则掌旗鼓者也。"[①]由此可知，奚拽剌详稳主要职责是掌管库莫奚旗鼓。这一官职，可以由汉人担任，据《辽史·陈昭衮传》记载："陈昭衮，小字王九，云州人。……统和中，补祗候郎君，为奚拽剌详稳，累迁敦睦宫太保，兼掌围场事。"[②]

先离挞览官。《辽史·国语解》称："先离挞览，奚、渤海等国官名，疑即挞林字讹。"[③]由于史料匮乏，先离挞览官的设置情况、具体职务等均不得而知，只知库莫奚、渤海等民族中设有这一官职。

监军。监军一职比较重要，主要职能是监督奚王府，因此多为契丹人担任。在辽对外的军事行动中，也多有监军参加[④]，任监军一职的人也因此得到提升[⑤]。

此外，奚王府还设有知奚王府事[⑥]、奚详稳[⑦]、奚六部敞稳[⑧]、奚王都

---

① 《辽史》卷116《国语解》，第1542页。

② 《辽史》卷81《陈昭衮传》，第1286页。

③ 《辽史》卷116《国语解》，第1544页。

④ 据《辽史·圣宗纪二》记载，统和四年（986）春正月壬午，"……奚王府监军迪烈与安吉等克女直还军，遣近侍泥里吉诏旌其功，仍执手抚谕，赐酒果劳之。"《辽史》卷11《圣宗纪二》，第119页。

⑤ 据《辽史·圣宗本纪五》称，统和二十一年（1003）秋七月甲寅，"以奚王府监军耶律室鲁为南院大王"《辽史》卷14《圣宗本纪五》，第158页。《辽史·圣宗纪六》和《辽史·耶律室鲁传》作"北院大王"。何天明的《辽代政权机构史稿》一书采用耶律室鲁为北院大王的说法。见内蒙古大学出版社，2004年，第149页。《三朝北盟会编》卷3《政宣上帙三》称："……差静江军节度使奚王府监军萧习泥烈，翰林学士杨勉充册封刺史。"（南宋）徐梦莘：《三朝北盟会编》，上海古籍出版社，1987年，第22页。

⑥ 《辽史·天祚皇帝纪三》记载，保大元年（1121）春正月，"上遣知奚王府事萧遐买"。《辽史》卷29《天祚皇帝纪三》，第341页。

⑦ 《辽史·国语解》载："详稳，诸官府监治长官，"《辽史》卷116《国语解》，第1537页。《辽史·圣宗纪三》载，统和六年（988）十二月，"休哥献奚详稳耶鲁所获宋谍"《辽史》卷12《圣宗纪三》，第132页。

⑧ 据《辽史·萧乐音奴传》记载，萧乐音奴，"奚六部敞稳突吕不六世孙"《辽史》卷96《萧乐音奴传》，第1401页。

监[1]、夷离堇[2]、奚军小校[3]等官职。这些官职的性质、级别、所管事务的具体情况等由于文献缺载，难于知晓。但无疑都是奚王府的内部机构之一，在特定的职能下，维持整个奚王府的正常运行。

综上所述，奚王拥有相对独立的权力，奚王府的内部机构和官职较为健全。这是契丹贵族在国之初立，政局不稳之际为争取奚人支持所采取的重要手段。然而，随着契丹统治的逐渐巩固和辽封建体制的渐趋完善，为了加强对诸部的控制，辽圣宗开始削弱奚王的势力。据《辽史·奚和朔奴传》载，统和十三年（995）秋，奚王和朔奴率兵进讨东北女真兀惹部"以地远粮绝，士马死伤，诏降封爵"[4]。圣宗随即乘和朔奴的这次战败之机，于统和十四年（996）四月，改奚诸部令稳为节度使，以对奚王起到监督的作用[5]。又"合奥里、梅只、堕瑰三部为一，特置二剋部以足六部之数。……籍六部隶北府"[6]。

除奚王府的奚六部归北府统辖外，奚王府的所在地也未能幸免。《辽史·地理志三》称，辽圣宗尝过奚境"七金山土河之滨，南望云气，有郛郭楼阙之状，因议建都"[7]。在圣宗做出这样的暗示之后，奚王

---

① 《辽史·圣宗纪七》记载，开泰九年（1020）冬十月戊寅朔，"以涅里为奚王都监"。《辽史》卷16《圣宗纪七》，第188页。又见《辽史·圣宗纪八》云：太平十年（1030）十一月，"奚王府都监萧阿古轸东京统军使"《辽史》卷17《圣宗纪八》，第206页。

② 据《辽史·营卫志下》记载："太祖伐奚，乞降，愿为著帐子弟，籍于宫分，皆设夷离堇。圣宗各置为部，改设节度使，皆隶南府，以备畋猎之役。"《辽史》卷33《营卫志下》，第388页。《辽史·耶律欲稳传》称，耶律欲稳，"以功迁奚迭剌部夷离堇"《辽史》卷73《耶律欲稳传》，第1226页。

③ 《辽史·圣宗纪一》称，统和四年（986）四月癸丑，"奚军小校隘离辖、渤海小校贯海等叛入于宋，籍其家属，分赐有功将校"《辽史》卷11《圣宗纪二》，第121页。

④ 《辽史》卷85《奚和朔奴传》，第1318页；《辽史》卷88《萧恒德传》中有同样记载，第1342页。

⑤ 《辽史》卷13《圣宗纪四》，第148页。

⑥ 其中奥里部条称："统和十二年，以与梅只、堕瑰三部民籍数寡，合为一部。以上三部，本属奚王府，圣宗分置。"新设立的南北二剋条称："统和十二年，以奚府二剋分置二部。"见《辽史》卷33《营卫志下》，第390页。

⑦ 《辽史》卷39《地理志三》，第481页。

府五帐六节度使献地，辽于统和二十五年（1007）在此地建立中京[①]。至此，奚王府所管辖的土地也上缴朝廷，奚人完全失去了对传统土地的管辖权。

奚王和奚王府虽然失去了相对独立的权力，但在辽代社会中依然占有重要地位。辽廷中担任重要官职的奚人基本都是奚王家族或奚世家大族的后裔，他们在占有重要政治地位的同时，有着雄厚的经济基础[②]。宋人苏辙经过奚王府地区时所见到的情况是："奚君五亩宅，封户一成田。故垒开都邑，遗民杂汉编。不知臣仆贱，漫喜杀生权。燕俗嗟犹在，婚姻未许连。"[③]苏颂在牛山馆附近也曾看到"耕种甚广，牛羊遍谷。问之皆汉人佃奚土，甚苦输役之重"[④]的场景。由此可知，在奚王府所辖境内，奚人与汉人杂居，从事农业和畜牧业生产，奚王拥有大量土地和为之劳动的人民，并对汉人佃户实施经济上的剥削，这些佃户没有独立的人身自由，属于奚王的奴仆。日本学者岛田正郎曾指出，"作为被征服民族，库莫奚在辽代的地位仅次于契丹，这如同色目人在元朝拥有的重要地位。"

---

① 据《契丹国志·四京本末·中京》记载："奚地居上、东、燕三京之中，土肥人旷，西临马盂山六十里，其山南北一千里，东西八百里，连亘燕京西山，遂以其地建城，号曰中京。"《契丹国志》卷22《中京》，第216页。关于辽建中京的时间文献记载不一。《辽史·圣宗纪五》载，统和二十年（1002）十二月，奚王府"献七金山土河川地，赐金币"。《辽史》卷14《圣宗纪五》，第158页；《辽史·地理志三》载："统和二十四年（1006），五帐院进故奚王牙帐地。二十五年（1007），城之……有七金山、马盂山、双山、松山、土河。"《辽史》卷39《地理志三》，第481、482页；《东都事略·契丹传》称，景德三年（1006），"辽圣宗置中京"。（南宋）王称：《东都事略》卷123《契丹传》，齐鲁书社，2000年，第1072页；另据《辽史·圣宗纪五》称，统和二十六年（1008）五月己巳，"遣使贺中京成"。《辽史》卷14《圣宗纪五》，第163页。所以《辽史·地理志三》统和二十五年（1007）建立中京的说法更为准确。

② 《世家大族与辽代社会》一书对这一问题有较为详细的论述，王善军：《世家大族与辽代社会》，人民出版社，2008年，第73—79页。

③ （北宋）苏辙撰，曾枣庄、马德富点校：《栾城集》卷16《奚君》，上海古籍出版社，1987年，第397页。

④ （北宋）苏颂撰，王同策等点校：《苏魏公文集》卷13《牛山道中》，中华书局，1988年，第170页。

综上可见，库莫奚的政治军事主要经历了部落联盟—饶乐都督府—奚王府三个历史阶段，每一阶段都有其主要形式和特点。整体而言，库莫奚在部落联盟时期主要是遵循自己的政治军事传统，饶乐都督府和奚王府时期，则既遵从了自己的传统，又不同程度地受到唐政府和辽廷的管辖与控制，从而形成了独具特色的政治军事体系。

第四章　库莫奚的经济生活

在北朝至辽代这一漫长的历史时期中，库莫奚的经济生活呈现着独特的风貌。其经济类型主要有畜牧业、渔猎业、手工业、商业和农业，各种经济类型在不同的历史时期发展程度不一，有着各自的变迁轨迹。其生活方式（衣食住行）与其经济类型和生产方式密切相关。

第一节　库莫奚的经济类型

畜牧业是库莫奚的主要经济类型，贯穿于其历史的始终。渔猎业在特定的时期内起到过重要的辅助作用。库莫奚的手工业也取得了较高成就，手工业品备受周边民族的青睐。在能够自给自足的情况下，奚人还与中原进行交换和贸易，换取日常所需的生活用品，这也是其经济形态的一部分。随着奚人自身的发展、地域环境的变化和受中原农耕文化的影响，奚人的农业开始出现，生产水平不断提高，到了辽代成为与畜牧业同等重要的经济类型。

一、畜牧业、渔猎业

库莫奚是逐水草而居的游牧人，今西拉木伦河流域和老哈河流域为其世代驻牧的主要区域。自南北朝至辽，不少历史文献对奚人的畜牧业有所涉及。依据这些史料可知，畜牧业为奚人的主业，在其生产和生活中占有举足轻重的地位，发挥着重要作用。但在畜牧业生产水平不高，也没有农业生产出现，尤其是因天灾人祸导致畜牧业受阻的情况下，渔猎业成为重要的经济辅助，在库莫奚的经济生活中占有不容忽视的地位。

（一）畜牧业

库莫奚的畜种类型有马、牛、羊、驼、豕，羊的种类中“多黑羊”[①]。北朝时期，库莫奚的畜牧业就已经具有一定的规模。如在北魏登国三年（388）太祖拓跋珪的征伐中，奚人一次就损失“马牛羊豕十余万”[②]。北齐文宣帝天保三年（552）春正月，发动对库莫奚的征讨，“获杂畜十余万”[③]；孝昭帝皇建元年（560）十一月，北讨库莫奚，“大获牛马”[④]。据库莫奚在战争中损失的牲畜数量可知，北朝时期其畜牧业生产已拥有较大规模。

库莫奚畜产品的品质较好，尤其以产名马著称。史载奚马“蹄坚善走，其登山逐兽，上下如飞”[⑤]。畜产品特别是马匹成为库莫奚向北魏朝贡的主要物品[⑥]。

隋代前期因中原地区战乱，疏于对北部边界的管辖，奚人乘机南迁。至唐代中期，奚人由西拉木伦河流域迁至老哈河流域和大凌河流域。较之西拉木伦河流域，该地域温度偏高，雨量增多，环境优良，更有利于畜牧业的生产和发展。据《新唐书》记载，唐大中元年（847），张仲武获库莫奚“羊牛七万，辎贮五百乘”[⑦]。可知，奚人的畜牧业仍具较大规模。另外，唐在饶乐都督府北设有马场，“奚马，好筋节，胜契丹马，余并与契丹同”，且将奚马“印‘Z’”字以示区分[⑧]。唐、五代时期，也有奚人献名马的记载[⑨]。可见，库莫奚的畜牧业在持续发展，畜产品的品质

① 《新五代史》卷74《奚传》，第909页；宋大中祥符五年（1012），宋人王曾使辽，途中奚境时，亦称：“时见畜牧，牛、马、橐驼，尤多青羊、黄豕。”见《契丹国志》卷24《王沂公行程录》，第232页。

② 《魏书》卷100《库莫奚传》，第2222页。

③ （唐）李百药：《北齐书》卷4《文宣帝纪》，中华书局点校本，1972年，第56页。

④ 《北齐书》卷6《孝昭帝纪》，第83页。

⑤ 《新五代史》卷74《奚传》，第909页。

⑥ 据《魏书·库莫奚传》记载：“高宗、显祖世，库莫奚岁致名马文皮。”《魏书》卷100《库莫奚传》，第2223页；《魏书·高宗纪五》记载，兴光元年（454）九月庚申，“库莫奚国献名马，有一角，状如麟”。《魏书》卷5《高宗纪五》，第113页；《魏书·高祖纪上》记载，延兴五年（475）五月丁酉，“契丹、库莫奚国各遣使献名马”。《魏书》卷7上《高祖纪上》，第141页。

⑦ 《新唐书》卷219《奚传》，第6175页；《新唐书》卷212《张仲武传》，第5981页。

⑧ 《唐会要》卷72《诸蕃马印》，第1549页。

⑨ 据《旧唐书·奚传》记载，唐元和十一年（816），奚“遣使献名马。尔后每岁朝贡不绝，或岁中二三至”。《旧唐书》卷199下《奚传》，第5356页；《旧五代史·庄宗纪五》载：“奚王李绍威进驼马。”《旧五代史》卷32《庄宗纪五》，第442页。

较好，得到中原的认可。

唐朝末年，耶律阿保机对周边民族专事征讨，库莫奚也在其征讨之列。经过一系列的征伐，东奚于 911 年纳入契丹贵族的统治之下，西奚于天显十二年（937）迁回辽本土。至此，库莫奚的核心活动区域大抵为以辽中京为中心的老哈河流域。具体而言，奚人的聚居地“居上、东、燕三京之中，土肥人旷，西临马盂山六十里，其山南北一千里，东西八百里，连亘燕京西山”[①]。

适合畜牧业生产的老哈河流域，拥有土肥人旷的优越条件，是库莫奚畜牧业进一步发展的重要因素。另外，归附契丹后的库莫奚上层被契丹统治者视为国族，拥有较高的政治地位。同时，辽太祖对各民族采取“各安旧风，狃习劳事”[②]的统治政策。这些政策对奚人保持本民族的政治、经济优势和特色具有重要作用。此外，辽廷在奚人的聚居区，古北口至辽中京段驿道设有 10 处驿馆[③]，委任奚人守馆，并给予其田土以养马。这对库莫奚的畜牧业发展也起到促进作用。

辽代是库莫奚畜牧业继续发展并逐渐走向成熟的时期。如宋使苏颂在其《牛山道中》一诗中所述，中京地区“牛马纵横似谷量”[④]的景象。宋使苏辙亦称：“橐驼羊马散川谷，草枯水尽时一迁。”[⑤]此外，库莫奚的私人畜牧业和雇人放牧现象已经存在。奚人萧蒲奴，本为奚王楚不宁之后，因家道中落，“幼孤贫，佣于医家牧牛”[⑥]。雇佣牧人的出现，说明库莫奚的畜牧业在个体家庭中规模较大，仅靠家人已经不能完成放养工作。这也是这一时期库莫奚畜牧业发展水平较高的一种表现形式。

畜产品也是奚人战争中掠夺和被掠夺的主要内容，如奚人“数与契丹相攻。虏获财畜，因而行赏”[⑦]；奚人“每与契丹相攻击，虏获财畜，

---

① 《契丹国志》卷 22《中京》，第 216 页。

② 《辽史》卷 32《营卫志中》，第 377 页。

③ 即古北口馆、新馆、卧如来馆、柳河馆、打造部落馆、牛山馆、鹿儿峡馆、铁浆馆、富谷馆、通天馆。馆与馆之间还有中顿，又曰顿馆，以备中途歇息、食宿。

④ 《苏魏公文集》卷 13《牛山道中》，第 170 页。

⑤ 《栾城集》卷 16《出山》，第 397 页。

⑥ 《辽史》卷 87《萧蒲奴传》，第 1335 页。

⑦ 《周书》卷 49《库莫奚传》，第 899 页。

因而得赏”[①]。安史之乱期间，奚人于天宝十五年（756）五月南下，直指范阳，俘劫近郊的“牛马子女”而去[②]；唐德宗贞元四年（788）七月，库莫奚与室韦寇振武，“执宣慰中使二人，大掠人畜而去”[③]。穆宗应历十四年（964），乌马山奚所属的“库古只奏黄室韦掠马牛”[④]。凡此种种，足见奚人对畜产品的重视，也说明畜牧业在奚人经济生活中的重要地位。

（二）渔猎业

奚人生活的松漠地区，林木葱郁，沙地起伏，河流纵横，适合野兽生息繁衍，为其从事狩猎业提供了可行性条件。奚人狩猎的种类主要是野猪、貂、鹿、虎等。《魏书·库莫奚传》称，奚人“善射猎”[⑤]。唐代的奚人随逐水草，迁徙无常，以畜牧业生产为主，但是其环车为营，除了牙帐常有五百人持兵自卫外，“余部散山谷间，无赋入，以射猎为赀”[⑥]。可见，散居山谷中的奚人多以狩猎所获为主要生活来源。

据《新五代史·奚传》记载，西徙妫州的去诸族人即“依北山射猎”为生，《契丹国志·中京》称，奚人“入山采猎，其行如飞”[⑦]。同时，奚人还利用马来狩猎，奚马“蹄坚善走，其登山逐兽，上下如飞”[⑧]。由以上文献记载可知，狩猎业在奚人经济生活中具有重要的地位，且其狩猎技术也比较高。苏颂途径奚境时曾看到的奚人衣“貂锦羊裘”[⑨]。貂为奚人狩猎的内容之一，其毛皮成为其服饰的一部分。

除了狩猎业，牧渔业也是库莫奚经济形态的一部分。奚人生活的土

① 《隋书》卷84《奚传》，第1881页。

② （唐）姚汝能撰，曾贻芬校点：《安禄山事迹》（下卷），上海古籍出版社，1983年，第31页。

③ 《资治通鉴》卷233《唐纪四十九》，第7514页。

④ 《辽史》卷69《部族表》，第1088页。

⑤ 《魏书》卷100《库莫奚传》，第2222页。

⑥ 《新唐书》卷219《奚传》，第6173页。

⑦ 《契丹国志》卷22《中京》，第216页。宋绶也称，奚人“入山采猎，其行如飞”，见《辽史拾遗》卷13《上契丹事》，第253页。另外，《魏书》《隋书》《北史》两《唐书》均有奚人“善射猎”的记载。

⑧ 《新五代史》卷74《奚传》，第909页。

⑨ 《苏魏公文集》卷13《契丹帐》，第171页。

要区域，西拉木伦河和老哈河流域具有丰富的水资源，牧渔业必然是其经济类型之一。如《辽史·营卫志中》记载契丹的活动地区和生活状况就是“大漠之间，多寒多风，畜牧畋渔以食，皮毛以衣，转徙随时，车马为家……秋冬违寒，春夏避暑，随水草就畋渔，岁以为常”[①]。猎渔也是辽朝皇帝极其重视的活动，在四时捺钵过程中，猎鱼活动必不可少。在《辽史》中亦多见辽代皇帝于老哈河钓鱼的记载。鉴于库莫奚与契丹历史相伴随、活动地域相近、生活环境相似的密切关系，奚人也必然从事牧渔业生产。

二、手工业、商业

文献史料和考古学资料证明，奚人的手工业取得较大的发展，手工业产品丰富。随着生产水平的不断提高，奚人的畜牧业和手工业产品有所剩余。对中原物资的向往和需求，使奚人在政治环境允许的情况下，与中原边民进行交换贸易以换取所需物品。

（一）手工业

库莫奚的手工业主要是奚车、奚琴制作、荆藤编制、金属锻造和烧炭等。从奚人居毡帐，衣皮毛，过着逐水草而居的游牧生活来看，游牧人所掌握的毛纺织，熟皮子，制作鞍鞯、弓箭等技术同样为奚人所熟知。

关于奚车的文献史料和考古资料较多，表明奚人制车技术较高，日常生产生活与车密切相关。两《唐书》记载奚人“环车为营”“兼用车为营”，即以车设营，一方面作为分划家族、氏族或部落的标识物，另一方面作为军事防御设施。奚车不但是奚人重要的居住场所，亦是其重要的交通工具。唐开元、天宝年间，“京城奚车、兜笼，代于车舆矣”[②]，说明奚车在唐代已流行于中原。

宋人刘敞《铁浆馆》诗云：“敌马寒随草，奚车夕戴星。”其自注“奚人以车帐为生，昼夜移徙”[③]。可见，奚人逐水草而居的游牧生活，很

① 《辽史》卷32《营卫志中》，第373页。

② 《旧唐书》卷45《舆服》，第1975页。

③ （北宋）刘敞：《公是集》卷28《铁浆馆》，四库全书文渊阁本。

大程度上依靠车来实现。契丹的制车技术落后于奚，宋人沈括就发现了“契丹之车，皆资于奚”的现象①。

此外，奚车还用于战争。唐大中元年（847），庐龙张仲武获奚人辎贮五百乘，即是指奚车，这在唐李商隐的《为荥阳公贺幽州破库莫奚寇表》中有所印证②。辽会同八年（945）三月，辽军与晋军战，辽军不利。“上乘奚车退十余里，晋追兵急，获一橐驼乘之乃归”③；《新五代史·高祖皇后李氏传》称：“开运三年（946）十二月，耶律德光已降晋兵，遣张彦泽先犯京师，以书遗太后，具道已降晋军，且曰：‘……吾战阳城时，亡奚车一乘，在否？’”④会同十年（947）正月，辽太宗“被中国冠服，百官常参，起居如晋仪，而毡裘左衽，胡马奚车，罗到阶陛，晋人俛首不敢仰视”⑤。又据《三朝北盟会编》记载，绍兴十年（1140）六月，金兵攻打顺昌，完颜宗弼所率领的金兵，人马数量众多，“毡车、奚车以百数”⑥。

至于奚车的具体形制，沈括在其《熙宁使辽图抄》中有较详细的介绍：“其辎车之制如中国。”特点是：“后广前杀而无般，材俭易败，不能任重而利于行山。长毂广轮，轮之牙，其厚不能四寸，而轸之材不能五寸。其乘车，驾之以驼，上施荒帷，惟富者加毡幰文绣之饰。”⑦这种奚车的形象可与辽墓壁画相互印证，如内蒙古自治区赤峰市翁牛特旗解放营子辽墓壁画⑧，

---

① （北宋）沈括：《熙宁使虏图抄》，《五代宋金元人边疆行记十三种疏证稿》，中华书局，2004年，第132页。

② 据《为荥阳公贺幽州破库莫奚寇表》称，张仲武获“奚车五百乘”，载（唐）李商隐：《李商隐文编年校注》，中华书局，2002年，第1346页。

③ 《辽史》卷4《太宗纪下》，第56页。

④ 《新五代史》卷17《高祖皇后李氏传》，第176页。

⑤ 《新五代史》卷72《契丹传》，第897页。

⑥ 《三朝北盟会编》卷210，炎兴下帙101，第1449页。

⑦ 沈括：《熙宁使辽图抄》，《五代宋金元人边疆行记十三种疏证稿》，第131、132页。

⑧ 壁画中所绘的车，长辕、高轮，车上前后有彩色车棚，棚顶有黄色垂幔，并垂有流苏。车棚有四根细木立于车辕之上，后棚较小，棚顶有朱红彩绘，用白骆驼驾辕。见项春松：《解放营子辽墓壁画墓发掘报告》，《松州学刊》1987年第4-5期。

敖汉旗北三家辽墓壁画[①]，敖汉旗羊山二号墓[②]，宁城县鸽子洞辽代壁画墓[③]，喀喇沁旗娄子店一号辽墓[④]，通辽市库伦旗一、二号辽墓[⑤]，辽宁省沈阳市法库县叶茂台十六号辽墓[⑥]等均可见奚车图。

在中国古代音乐史上展现着独特艺术魅力的奚琴，即为奚人所创造。奚琴的形制及乐器的起源皆以北宋陈旸《乐书》中的记载最为详尽："奚琴，本胡乐也；出于弦鼗，而形亦类焉；奚部所好之乐也。盖其制两弦间以竹片轧之，至今民间用焉。非用夏变夷之意也。"[⑦]元代马端临《文献通考》亦云："奚琴，胡中奚部所好之乐，出于奚鼗而形亦类焉。其制两弦间以竹片轧之，民间或用。"[⑧]北宋欧阳修在其诗《试院闻奚琴作》中云："奚琴本出奚人乐，奚奴弹之双泪落。"[⑨]关于奚琴的发展历程、具体形制等情况，有专著和文章进行了研究和探讨[⑩]。

奚人还掌握了荆藤编制、金属锻铁、烧炭等技术。辽朝曾于古北口至辽中京段的驿道设有10处驿馆，皆由奚人看守、居住。其中的打造部

---

① 墓道西壁绘有一车，"为高轮长辕驼车，红轮黑辖，红辐十三条。辕两头均饰螭首，盖为庑殿式，帐幔为黑地白牡丹花，前后均设棚，蓝色，前棚较高，左右和前部均挂绛色横格帘，上饰小花，前帘卷起，后棚较矮，两侧有一注流苏。前棚上又用四根细棍支撑蓝色凉棚，呈'人'字形，中间折起，前檐注流苏。绿色轭，中部绘一狗头，前辕用红色三足支架支起。左轮前备有上车的二阶的木墩"。见敖汉旗文物管理所:《内蒙古昭乌达盟敖汉旗北三家辽墓》,《考古》1984年第11期。

② 邵国田:《敖汉旗羊山1—3号辽墓清理简报》,《内蒙古文物考古》1999年第1期。

③ 内蒙古文物考古研究所编（魏坚主编）:《内蒙古文物考古文集》（第二辑），中国大百科全书出版社，1997年。

④ 郑滦明:《关于辽墓"出行图"的考证》,《华夏考古》2004年第4期。

⑤ 王泽庆:《库伦旗一号辽墓壁画初探》,《文物》1973年第8期；王健群:《库伦旗二号辽墓发掘散记》,《社会科学战线》1978年第1期。

⑥ 辽宁省博物馆辽宁铁岭地区文物组发掘小组:《法库叶茂台辽墓记略》,《文物》1975年第12期。

⑦（北宋）陈旸:《乐书》卷128《经部·乐类》，四库全书文渊阁本。

⑧（元）马端临:《文献通考》卷137，中华书局，1986年，第1218页。

⑨（北宋）欧阳修:《试院闻奚琴作》,《传世藏书·集库·别集3·梅尧臣集欧阳修集》，海南国际新闻出版中心出版，1996年，第230页。

⑩ 项阳:《中国弓弦乐器史》，国际文化出版公司，1999年，第179—183页；李乃平:《二胡古今略谈》,《乐府新声：沈阳音乐学院学报》1994年第3期。

落馆遗址（今河北省隆化县韩麻营村后海代沟门一带）在王曾《王沂公行程录》中有云："打造部落馆，惟有蕃户百余，编荆为篱，锻铁为军器。"[①] 另外，在牛山馆遗址（今河北省承德县头沟村大地）发现辽代铁锄；在铁浆馆（今河北省平泉县平泉街东北罗杖子）发现辽代的铁锄、六錾铁釜和铁砧；在富谷馆遗址（今河北省平泉县北五十家子高家沟）发现辽代铁镰[②]。烧炭业是随着锻铁等手工业发展而兴起的，王曾在古北口外所见奚境："山中长松郁然，深谷中多烧炭为业。"[③]

此外，在辽宁省法库县叶茂台十四号辽墓中所见的随葬品中有马鞍、马蹬、马铃等马具的考古发现[④]。虽未有足够证据断定所发现马具为奚人所造，但鉴于奚人曾在这一地域活动和奚人畜牧业的发展状况，奚人掌握了马具的制造技术是十分可能的。

总体而言，库莫奚的手工业生产由来已久，且技术较高。其手工业制品在为本民族提供生产、生活用品的同时，亦被其他民族所认可，展现了奚人的勤奋善学和聪明才智。

（二）商业

奚人的交换贸易，在北魏时既已出现，奚人"与安营二州边民参居，交易往来，并无疑贰"[⑤]。随着库莫奚畜牧业生产水平的进一步提高和与唐相对友好的政治关系，贸易活动更加频繁，唐玄宗时期曾在边境设立榷场，通过榷场，奚人的畜产品与中原人的农副产品等日常生活用品进行贸易。这种交易往来在满足双方物资需求的同时，也增进了彼此的认识和了解。

还需要注意的是，奚人曾多次向中原朝贡，畜产品是其朝贡的主要内容。一定程度上，这种朝贡是一种政治行为，亦是一种交换贸易，

① 《契丹国志》卷24《王沂公行程录》，第231页。

② 承德地区文化局辽驿调查小组：《辽中京至南京口外驿道调查》，《社会科学战线》1984年第1期。

③ 《契丹国志》卷24《王沂公行程录》，第231页。

④ 辽宁省博物馆辽宁铁岭地区文物组发掘小组：《法库叶茂台辽墓记略》，《文物》1975年第12期。

⑤ 《魏书》卷100《库莫奚传》，第2223页。

奚人常常用畜产品换回大量的粮食、丝绸、金银珠宝等物品。这在库莫奚对唐的朝贡和唐的回赐中有所体现（详见“库莫奚与唐朝的关系”一节）。

入辽后，库莫奚的经济呈现良好的发展态势。至辽中期，奚境已出现专门从事商业活动的店铺和集市。如苏颂在《奚山路》中所云：“行尽奚山路更赊，路旁时见百余家。风烟不改卢龙俗，尘土犹兼瀚海沙。朱板刻旗村肆食，青毡通幰贵人车。”其注曰：“出奚山路，入中京界，道旁店舍颇多，人物亦众。”[①]同时，奚人聚居的中京地区经济十分发达，且有固定的商业区。辽中京城的规模建置即是模仿汉地都城所建，宋使路振曾于统和二十八年（1010）贺辽中京建成之礼，在其《乘轺录》中有对中京城较为详细的记述[②]。统和三十年（1012），王曾出使辽朝，也对中京有所记载[③]。中京城内的街坊之间，便是人们进行交换贸易的场所。

经济的发展为库莫奚提供了丰厚的物质基础，这从中京地区的经济实力可见一斑。辽是佛教盛行的时期，境内广建寺院，位于辽中京城南的静安寺于道宗咸雍八年（1072）建成之时，“僧既居，必资食以给之。遂施地三千顷，粟一万石，钱二千贯，人五十户，牛五十头，马四十匹，以为供億之本”[④]。可见中京地区农业与畜牧业的生产规模之大。又据

① 《苏魏公文集》卷13《奚山路》，第171页。

② 据路振《乘轺录》载，中京城，“外城高丈余步，东西有廊，幅员三十里。南门曰朱厦门，凡三门，门有楼阁。自朱厦门入，街道阔百余步，东西有廊舍约三百间，居民列廛肆庑下。街东西各三坊，坊门相对。……三里至二重城门，城南门曰阳德门，凡三间，有楼阁。城高三丈，有睥睨，幅员约七里，自阳德门入，一里而至内门，内阊阖门凡三门，街道东西并无居民，但有短墙以障空地耳。阊阖门楼有五凤，状如京师，大约制度卑陋。东西掖门去阊阖门各三百余步，东西角楼相去约二里。是夕宿大同驿。驿在阳德门外。驿东西各三厅，盖仿京师上元驿也”。《五代宋金元人边疆行记十三种疏证稿》，第60、61页。

③ 王曾称：“中京大定府，城垣庳小，方圆才四里许。门但重屋，无筑阁之制。南门曰朱夏，门内夹道步廊，多坊门。又有市楼四：曰天方、大衢、通阛、望阙。次至大同馆，其北门曰阳德、阊阖。城内西南隅冈上有寺。城南有园圃，宴射之所。”载《契丹国志》卷24《王沂公行程录》，第231页。

④ 《创建静安寺碑铭》，见向南：《辽代石刻文编》，河北教育出版社，1995年，第362页。

《辽史·百官志四》载：“辽有五京。上京为皇都，凡朝官、京官皆有之；余四京随宜设官，为制不一。大抵西京多边防官，南京、中京多设财赋官。”[①] 亦可知中京地区拥有丰厚的物质基础。谭其骧曾考证并持“辽后期迁都中京”一说[②]。虽然此说尚存商榷的必要，但从另一个层面亦能说明中京地区拥有雄厚的经济基础。客观而言，奚人的物质基础亦是其政治优势的重要保障。

三、农业

北朝时期，未见奚人从事农业生产的记载。唐代始有奚人农业活动的记述，也是其农业发展的重要时期。历经五代至辽，库莫奚的农业与畜牧业共存，成为其主要经济类型。其农作物主要有粟、黍、糜子、桑、麻，以及果蔬等。

如前文所述，北魏时期已有部分奚人与安州、营州边民参居，交易往来。在库莫奚与中原的不断交往中，必然会受到农耕文化的影响。至唐末，始有奚人从事农业活动的记载。据《五代会要·奚》称，奚人有“爨以平底瓦鼎，煮穄为粥，既饪，以寒水解之而食”的饮食习俗，穄，黍类，也称“糜子”。奚人有“每春借边民之荒田种穄，秋熟乃来，持获毕，则窖于山下，人莫知其处所”的粮食储存习惯。《新唐书·奚传》也称，奚人“稼多穄，已获，窖山下”[③]。通过奚人“以木为碓，断椽为臼，所受不过一斗”[④]，可知奚人收获的粮食产量不多。从这些记载来看，唐末

---

① 《辽史》卷48《百官志四》，第801页。

② 把辽中京大定府作为辽朝圣宗时期所建新都的提法，最早由顾祖禹在《读史方舆纪要》之《历代州域形势》中考证出来：“契丹以临潢为皇都，亦曰上京……辽西曰中京。注曰：宋景德四年，隆绪城辽西为中京，府曰大定，自上都迁都焉。”1970年，谭其骧《辽后期迁都中京考实》一文正式对这一说法进行论证。载《长水集》，人民出版社，1987年，第278、279页。曹显征赞同此观点，见《辽中期徙都中京原因管窥》，《昭乌达蒙族师专学报》（汉文哲学社会科学版）1989年第2期。李逸友、李宁对该说法提出了质疑，见《辽中京为后期首都说的商榷》，《中国古都研究（第十八辑上册）——中国古都学会2001年年会暨赤峰辽王朝故都历史文化研讨会论文集》，国际华文出版社，2001年。

③ 《新唐书》卷219《奚传》，第6173页。

④ 《五代会要》卷28《奚》，第452页。

的奚人开始从事农业生产，且已经懂得农产品的储存技术。奚人每年借边民的荒地耕种，推测这里所说的边民应该是居住在奚地南部，与奚人相邻的汉人。

辽代，库莫奚的农业取得了长足的进步。有关辽代奚人的农业状况，使辽宋人多有记载。宋绶称奚人“善耕种”①。刘敞有奚人“皆山居谷汲，耕牧其中”② 的记载。王曾所见：“（奚人）亦务耕种，但无桑柘，所种皆从垄上，盖虞吹沙所壅。”③《辽史·营卫志中》也称，居于中京地区的奚人“岁时田牧平莽间”④。需要提及的是，苏颂记述其路过中京地境时的情景：“农夫耕凿遍奚疆，部落连山复枕冈。种粟一收饶地力，开门东向杂夷方。”并在诗后注释云：当地奚人“耕种甚广，牛羊遍谷。问之皆汉人佃奚土，甚苦输役之重”⑤。可见，中京地区的农田皆为奚人所有，当地的汉人则依靠租佃奚人的土地生活，说明租佃关系已经在奚人的农业经营中出现，也是其农业发展的重要表现。

至于辽代库莫奚农业发展的主要因素，除了其自身生产力的水平提高之外，大体归纳为以下几个方面。

第一，中京地区优良的自然环境适合农业发展。奚人聚居的中京地区位于老哈河流域，气候温和、降雨较为丰沛、土地肥沃，拥有丰富的水资源，相对于西拉木伦河流域，更适合农业生产，诚如苏辙在其《木叶山》中所言“奚田可耕凿，辽土直沙漠”⑥。

第二，受农耕民族的影响。北魏时，已有部分奚人与边地汉人密切交往的历史。在之后的历史进程中，奚人与中原政权和边地汉人始终保持或疏或密的联系。辽代是奚人聚居环境大幅度改变的时期。辽太祖将大量的农耕民族（如汉、渤海）迁徙到中京地区，与奚人杂居。这些谙熟农业生产的人们必然会将先进的生产技术和生产经验在奚境传播。至辽圣宗建置中京前后，又有上京附近的大量农业人口被迁至中京地区。宋使路振经过

---

①《辽史拾遗》卷 13 宋绶《上契丹事》，第 253 页。

②《公是集》卷 28《古北口》，四库全书文渊阁本。

③《契丹国志》卷 24《王沂公行程录》，第 231、232 页。

④《辽史》卷 32《营卫志中》，第 377 页。

⑤《苏魏公文集》卷 13《牛山道中》，第 170 页。

⑥《栾城集》卷 16《木叶山》，第 398 页。

中京之地曾见“奚、汉民杂居益众”①。宋绶见奚境“奚、契丹、汉人、渤海杂处之”②。沈括也见中京地区“其民皆燕、奚、渤海之人”③。

据统计，中京道的大定县、长兴县、富庶县、劝农县、文定县、升平县、归化县、神水县、金源县都为上京农业人口的迁入地区④。这些农业人口必然会为中京地区的农业发展作出贡献。如岛田正郎所言：“在设于根据地附近的首都上京临潢府的周围，即当年的上京道几乎到处都是汉族农民，国家进一步开发上京道的南邻中京道期间，这些汉族农民曾对国家的财政作出巨大贡献。”⑤

又考中京道诸州县，除自上京道迁入农业人口所建置以外，还有很多州县为被俘汉人、渤海人、女真人等具有深厚农耕文化的民族建置而成，详见表一。

表一

州县名称	建置时期	迁入人口	史料出处
惠州	太祖	俘汉民数百户置	《辽史》卷39《地理志三》，第483页
兴中县	太祖	掠汉民居此，建霸城县	《辽史》卷39《地理志三》，第486页
黔州	太祖	平渤海，俘户居之	《辽史》卷39《地理志三》，第487页
岩州	太祖	迁汉户杂居兴州境	《辽史》卷39《地理志三》，第488页
盛吉县	太祖	平渤海，俘兴州民来居	《辽史》卷39《地理志三》，第487页
锦州	太祖	以汉俘建州	《辽史》卷39《地理志三》，第487页
恩州	太宗	以渤海户实之	《辽史》卷39《地理志三》，第482页
北安州	圣宗	以汉户置	《辽史》卷39《地理志三》，第484页

① 路振：《乘轺录》，《五代宋金元人边疆行记十三种疏证稿》，第59页。
② 《辽史拾遗》卷13宋绶《上契丹事》，第253页。
③ 沈括：《熙宁使契丹图抄》，《五代宋金元人边疆行记十三种疏证稿》，第154页。
④ 《辽史》卷39《地理志三》，第482页。
⑤ 〔日〕岛田正郎：《辽朝的特点》，转引自王承礼主编：《辽金契丹女真史译文集》，吉林文史出版社，1990年，第115页。

续表

州县名称	建置时期	迁入人口	史料出处
高州	圣宗	伐高丽，以俘户置	《辽史》卷39《地理志三》，第483页
来州	圣宗	女直五部来归，而置	《辽史》卷39《地理志三》，第489页
海阳县	不详	渤海人户	《辽史》卷39《地理志三》，第489页

除此之外，中京道的大部分州县在辽以前为汉人世代所居，农耕文化历史悠久。尚有部分州县的人口来源不明确，只言为俘诸户所置，不可否认其中包括农耕人口，兹不一一列举。由此可见，在奚人的生活区域，有大量的农耕民族人口与奚人杂居，这必然会促进库莫奚农业的发展。

第三，辽朝的统治政策利于农业发展。契丹民族自古有重农思想。阿保机称帝之后，是借助了汉人、汉地来巩固和夯实自己统治的。尤其是到了辽圣宗时期，有大量劝农、兴农的记载[①]。圣宗在经过库莫奚乙室奥隗部时，曾见"黍过熟未获，遣人助刈"[②]。足见圣宗对农业的重视程度。圣宗以降，兴宗、道宗时期，都对农业非常重视[③]。另外，辽在奚境设置驿馆，供行人、使者中途休息，"奚民守馆者，皆给土田，以营养焉"[④]的政策也是库莫奚农业发展的因素之一。统治者对农业的重视和利农政策的实施，对自然条件和周边环境均适宜农业生产的奚人来说，无

---

① 统和十年（992）八月癸亥，圣宗"观稼，仍遣使分阅苗稼"见《辽史》卷13《圣宗纪四》，第143页；统和十二年（994）秋七月甲寅，圣宗"遣使视诸道禾稼……戊辰，观获"同上，第145页；统和十三年（995）春正月庚申，圣宗"诏诸道劝农"同上，第146页；开泰八年（1019）秋七月戊辰，圣宗"观稼"见《辽史》卷16《圣宗纪七》，第186页；太平八年（1028）春正月甲子，圣宗"诏诸州县长吏劝农"见《辽史》卷17《圣宗纪八》，第201页。

② 《辽史》卷59《食货志上》，第924页。

③ 重熙二年（1033）八月乙卯，兴宗"遣使阅诸路禾稼"见《辽史》卷18《兴宗纪一》，第215页；重熙二十二年（1053）五月壬寅，兴宗"诏内地州县植果"见《辽史》卷20《兴宗纪三》，第245页；道宗清宁二年（1056），道宗"遣使分道平赋税……劝农桑"，见《辽史》卷21《道宗纪一》，第254页。

④ 路振：《乘轺录》，《五代宋金元人边疆行记十三种疏证稿》，第76页。

疑是一个有利的条件。

辽朝灭亡，库莫奚归于金朝的统治之下。金建国之初，天德四年（1152）海陵王将都城迁往中京城，随之金的太庙神主也迁往中京。关于金代奚人的经济状况，《金史·食货志二》里记载了一段世宗与宰臣的对话："'女直人徙居奚地者，菽粟得收获否？'左丞守道对曰：'闻皆自耕，岁用亦足。'上曰：'彼地肥美，异于他处'。"[①]从此对话可看出，世宗和宰相对奚地的农业耕作条件和收成都给予很高的评价，中京也是金国的农业经济重地。

综上所述，库莫奚的各种经济类型在出现时间、生产规模、重要性和发展程度等方面都经历了各自的发展变迁。正是因为奚人生产生活习俗的多样性，在辽代的中京地区形成了一幅"居人处处营耕牧，尽室穹车往复还"[②]的生活画面和"黄牛拥毳争春耦，白马弯弧落幕围"[③]的独特风俗风貌。金代，奚人聚居的中京地区也是重要的经济区。金代以后，有关库莫奚经济方面的记载已了无痕迹。

第二节　库莫奚的生活方式

奚人的生活方式主要指其衣食住行。汉代晁错所言："胡人衣食之业不著于地……食肉饮酪，衣皮毛，非有城郭田宅之归居，如飞鸟走兽于广野，美草甘水则止，草尽水竭则移。以是观之，往来转徙，时至时去，此胡人之生业。"[④]北朝至唐，奚人以畜牧业生产为主，辅助以渔猎业；奚人有衣皮革，食畜肉，住毡帐，乘车马的生活习惯。随着与中原交往的增多，受农耕文化影响，奚人的衣食住行均有了不同程度的改变。

一、服饰

关于古代游牧民族服饰的特点，宋人沈括在其《梦溪笔谈》中有较为具体的概括："中国衣冠，自北齐以来，乃全用胡服。窄袖、绯绿短

① 《金史》卷47《食货志二》，第1046页。

② 《苏魏公文集》卷13《和仲巽奚山部落》，第163页。

③ （北宋）王珪：《华阳集》卷60《柳河馆》，四库全书文渊阁本。

④ 《晁错集注释》组注：《晁错集注释》，上海人民出版社，1976年，第19页。

衣、长鞦靴，有蹀躞带，皆胡服也。窄袖利于驰射，短衣、长鞦皆便于涉草。”[①]可见，游牧民族服饰的这些特点与其所处的自然环境和其生产生活密切相关。作为游牧民族的奚人，也应该大体如此。

具体而言，奚人服饰的原材料以牛、马、羊、驼等牲畜的皮、毛为主。因为奚人也从事狩猎业，野猪、貂、鹿、虎、鼠等动物的皮、毛也是奚人服饰的一部分。正像到过奚境的宋人苏颂所见，奚人“貂锦羊裘”[②]。

随着奚人与中原边民交易的频繁，加之中原政权的大量赏赐，绢、帛、布匹等汉人服饰的原材料传入奚境[③]，成为奚人，尤其是贵族阶层服饰的一部分。到了辽代，奚人聚居的中京地区种植“生桑、麻、贝、锦”，并供太后“蚕织”[④]。这些农作物有可能为奚人制作服饰所用。

同时，因奚人与汉人的杂居相处，奚人的服饰对当地的汉人也产生了影响。宋使苏辙就有“汉人何年被流徙，衣服渐变存语言”[⑤]的记载。这说明在奚人的影响下，与奚人杂居而处的汉人开始接受奚人的服饰。在杂居相处的生活环境里，奚人服饰也必然受到汉人的影响。

二、饮食

辽代以前，奚人以畜牧业生产为主，渔猎业为辅，羊、牛、驼等畜肉及其奶产品和渔猎所得的鹿、貂、鱼等是奚人的主要食品。唐末，奚人开始从事农作物生产，粮食成为奚人饮食的一部分，据《五代会要·奚》记载，奚人“煮穄为粥”[⑥]。

到了辽代，奚人仍“食牛羊之肉酪”[⑦]，“酪浆膻肉”[⑧]。除肉、酪之

---

① （北宋）沈括，张富祥译注：《梦溪笔谈》，中华书局，2009年，第8、9页。

② 《苏魏公文集》卷13《契丹帐》，第171页。

③ 《旧唐书》《新唐书》《册府元龟》等文献中有大量关于唐朝皇帝，尤其是唐玄宗赏赐库莫奚首领或贵族绢、帛、布匹、紫袍等物品的记载。

④ 路振：《乘轺录》，《五代宋金元人边疆行记十三种疏证稿》，第68页。

⑤ 《栾城集》卷16《出山》，第397页。

⑥ 《五代会要》卷28《奚》，第452页。

⑦ 沈括：《熙宁使虏图抄》，《五代宋金元人边疆行记十三种疏证稿》，第127页。

⑧ 《苏魏公文集》卷13《契丹帐》，第171页。

外，还“食止糜粥、炒糒”[①]，“间啖麨粥”[②]。糜粥，即糜子做的粥；炒糒，即炒米。肉、酪源于其畜牧业生产，糜子也是与其游牧传统习俗相适应的农作物。

奚人粮食的种类主要是粟、黍、果蔬等。据文献记载，统和三年（985），辽圣宗在经过奚人乙室奥隗部时，曾见“黍过熟未获”，而“遣人助刈”[③]。宋使苏颂在路过奚境时有“种粟一收饶地力”[④]的记载。沈括曾见奚人聚居的中京地区“有果蓏而所植不蕃”[⑤]。奚人与当地农耕民族大量融合，在奚境还出现了类似中原的店铺，出售熟食和汤饼，如苏颂在途经奚境时曾提到：“食饴宛类吹箫市，逆旅时逢汤龟翁”“村店炊黍卖饧，有如南土”[⑥]。

三、居住

奚人随逐水草，“居有毡帐，兼用车为营”[⑦]。《新唐书·奚传》称，奚君长“常以五百人持兵卫牙中”[⑧]，牙即牙帐，为大型毡帐。如宋使刘敞诗曰：“敌马寒随草，奚车夕戴星。”见其自注：“奚人以车帐为生，昼夜移徙。”[⑨]毡帐，又称穹庐、毡庐、穹庐、毳幕、帐幕等，是可以拆迁移动的圆形毡房。宋人彭大雅《黑鞑事略》徐霆疏证描述“穹庐有二样：燕京之制用柳木为骨，止如南方罘罳，可以卷舒。面前开门，上如伞骨，顶开一窍，谓之天窗，皆以毡为衣，马上可载；卓地之制，用柳木织成硬圈。经用毡挽定，不可卷舒。车上载行，水草尽，则移，初无定日”[⑩]。奚人还以车为营，即用奚车围建营地，供族人居住。

在库莫奚与汉、渤海等农耕民族频繁接触的过程中，受其影响，部

---

① 《契丹国志》卷24《王沂公行程录》，第232页。

② 沈括：《熙宁使契丹虏图抄》，《五代宋金元人边疆行记十三种疏证稿》，第127页。

③ 《辽史》卷59《食货志上》，第924页。

④ 《苏魏公文集》卷13《牛山道中》，第170页。

⑤ 沈括：《熙宁使契丹图抄》，《五代宋金元人边疆行记十三种疏证稿》，第132页。

⑥ 《苏魏公文集》卷13《奚山道中》，第170页。

⑦ 《旧唐书》卷199下《奚传》，第5354页。《新唐书·奚传》亦称，奚人“居毡庐，环车为营”。《新唐书》卷219《奚传》，第6173页。

⑧ 《新唐书》卷219《奚传》，第6173页。

⑨ 《公是集》卷28《铁浆馆》，四库全书文渊阁本。

⑩ （南宋）彭大雅等：《黑鞑事略》，商务印书馆，1937年，第3页。

分奚人的居住方式也发生了一些变化，由流动走向定居，从过去的住毡帐变为居“草屋”“板屋”。宋使王曾在记述其见闻时，曾说：“自过古北口,即蕃境。居人草庵板屋。”① 苏辙途经奚境见到“奚人自作草屋住”②。沈括也说：“奚、渤海之俗类燕……其民屋居，无瓦者墁上（土），或苫以桦木之皮。”③ 奚人还编荆条为篱，以为院落④。据文献记载，契丹统治者为了在宋使面前充门面,曾“尽驱山中奚民就道而居”⑤,从而改变了这部分奚人的传统居住方式。

辽代，部分奚人还保持传统的居住习俗，如路振在中京城所见：“城中无馆舍,但于城外就车帐而居焉。”⑥ 刘敞也描述了奚人“皆山居谷汲,耕牧其中,而无城郭”⑦ 的生活画面。另外,苏颂《牛山道中》曰：“开门东向杂夷方。”⑧ 可知,奚人的住屋是坐西朝东,这与不少其他北方民族相同。屋门东向既体现了奚人的原始日月山川崇拜，又起到了冬季御寒的功能。

四、交通

奚人的交通工具以马、牛、驼等牲畜和奚车为主。宋人沈括在其《熙宁使虏图抄》中有奚人“行则乘马”,“其乘车，驾之以驼”⑨ 的记载。内蒙古自治区赤峰市解放营子辽墓壁画中有白骆驼驾奚车的画面⑩，也有“奚车一牛驾,朝马两人骑”⑪ 的诗句。奚车不但是奚人重要的居住场所，亦是其重要的交通工具。

---

① 《契丹国志》卷24《王沂公行程录》，第231页。

② 《栾城集》卷16《出山》，第397页。

③ 沈括:《熙宁使虏图抄》,《五代宋金元人边疆行记十三种疏证稿》，第130页。

④ 王曾称：“过松亭岭，甚峻险，七十里至打造部落馆。惟有番户百余，编荆为篱。”见《契丹国志》卷24《王沂公行程录》，第231页。

⑤ 路振:《乘轺录》,《五代宋金元人边疆行记十三种疏证稿》，第59页。

⑥ 路振:《乘轺录》,《五代宋金元人边疆行记十三种疏证稿》，第60页。

⑦ 《公是集》卷28《古北口》，四库全书文渊阁本。

⑧ 《苏魏公文集》卷13《牛山道中》，第170页。

⑨ 沈括:《熙宁使虏图抄》,《五代宋金元人边疆行记十三种疏证稿》，第131、132页。

⑩ 项春松:《解放营子辽墓壁画墓发掘报告》,《松辽学刊》1987年第4—5期。

⑪ （南宋）阮阅编，固本淳点校:《诗话总龟》卷18《使北诗》，人民文学出版社，1987年，第205页。

第五章　库莫奚与中原政权及各民族的关系

库莫奚自《魏书》出现，就与北魏有了联系。在近千年的历史发展进程中，库莫奚与北朝、隋、唐等政权或冲突、战争，或朝贡、贸易往来，均有着千丝万缕的联系。库莫奚与周边的契丹、突厥、回鹘等民族也存在或疏或密的关系。库莫奚的民族关系是中国古代民族关系史研究中的重要课题。

第一节　库莫奚与中原政权的关系

库莫奚与北朝、隋、唐等政权之间的关系呈现战和交织的发展状态，战争与和平都不是恒久不变的。二者的关系受多种因素的共同作用，且有其特定的变化脉络和发展规律。

一、库莫奚与北朝诸政权的关系

北朝（386—581）是中国历史上与南朝同时存在的北方诸政权的总称，包括北魏、东魏、西魏、北齐、北周五个政权。库莫奚与北魏、东魏、西魏和北齐建立过联系。

（一）库莫奚与北魏的关系

386年，拓跋珪建立北魏。此时，西燕、后燕、西秦、后凉等割据政权并存。各政权为了扩大自己的势力范围，竞相发动战争，争夺地盘，拓跋珪也不例外。生活在松漠地区的奚人南与北魏毗邻，拓跋珪在政权初建不久就发动了对库莫奚的战争。

据《魏书·太祖纪》记载，登国三年（388）五月癸亥，拓跋珪“北征库莫奚。六月，大破之，获其四部杂畜十余万，渡弱落水。班赏将士各有差”[①]。《魏书·库莫奚传》也称，“登国三年，太祖亲自出讨，至弱洛水南，大破之，获其四部落，马牛羊豕十余万”[②]。通过拓跋珪击破库莫奚四部落，并俘获“马牛羊豕十余万”，可知此次征讨给库莫奚造成了不小的损失，对其势力的发展起到一定的阻碍作用。至于北魏打击库莫奚的原因，据拓跋珪称：“此群狄诸种不识德义，互相侵盗，有犯王略，故往征之。”[③]应该是库莫奚时常犯边，对北魏造成了威胁。之后，在对付奚人的问题上，拓跋珪说：“且鼠窃狗盗，何足为患。今中州大乱，吾先平之，然后张其威怀，则无所不服矣。”[④]于是，拓跋珪在给了库莫奚一定的打击之后，便适可而止，挥师南还。

但从拓跋珪的语气中揣摩其心理，可知此时的库莫奚尚有较强实力，拓跋珪并没有充足的时间和足够的信心继续进攻而将其彻底消灭。这次战争是库莫奚与北魏之间的第一次较量，经此一役，库莫奚看到了北魏的强大，北魏也看到了库莫奚不可忽视的力量。

至太延二年（436），太武帝拓跋焘灭北燕，占据和龙，并在和龙置营州（今辽宁省朝阳市境），以控制包括库莫奚在内的东北诸族[⑤]。营州的设置加强了北魏对边境的管辖力度，周边民族也感受到北魏国力的逐渐强盛，因心怀恐惧和向往，纷纷前往朝贡。库莫奚也于高宗、显祖时期，“岁致名马文皮。高祖初，遣使朝贡”[⑥]。库莫奚向北魏朝献和朝贡是二者建立友好关系的开始。《魏书·库莫奚传》称，库莫奚于太和二十一年（497）以前，“与安营二州边民参居，交易往来，并无疑贰”[⑦]。可知奚人与北魏边境居民保持着频繁的往来和贸易。

经过几十年的发展，库莫奚的实力逐渐增强，成为北魏北部边境重要的民族力量[⑧]，时而对北魏边境进行骚扰和掠夺。据《魏书·济阴王传》

---

① 《魏书》卷2《太祖纪》，第22页。
② 《魏书》卷100《库莫奚传》，第2222页。
③ 《魏书》卷100《库莫奚传》，第2222页。
④ 《魏书》卷100《库莫奚传》，第2222、2223页。
⑤ 《魏书》卷106《地形志》，第2494页。
⑥ 《魏书》卷100《库莫奚传》，第2222页。
⑦ 《魏书》卷100《库莫奚传》，第2223页。
⑧ 《皇朝经世文编·兵政十一·塞防上》称：“元魏时，蠕蠕及库莫奚为大。”（清）贺长龄辑，魏源编：《皇朝经世文编》卷80《塞防上》，道光年间刻本。

记载，和平年间（460—465），“库莫奚侵扰，诏新成率众讨之。新成乃多为毒酒，贼既渐逼，便弃营而去。贼至，喜而竞饮，聊无所备。遂简轻骑，因醉纵击，俘馘甚多”[①]。高祖初年（约471—476），库莫奚寇边，“以休为使持节、侍中、都督诸军事、征东大将军、领护东夷校尉、仪同三司、和龙镇将。休抚防有方，贼乃款附”[②]。又据《魏书·库莫奚传》记载，太和十四年（490），“库莫奚犯塞，安州都将楼龙儿击走之”[③]。又太和二十二年（498），奚人“入寇安州，营燕幽三州兵数千人击走之”[④]。

库莫奚对北魏边境的骚扰，动机是对中原物资的需求和渴望，进而满足统治阶层和部众的生活需要。尤其是在被北魏几次有力的回击之后，奚人几次归附，并请求与北魏边民进行交易。面对奚人的请求，“世宗诏曰：……‘至二十二年叛逆以来，遂尔远窜。今虽款附，犹在塞表，每请入塞与民交易。若抑而不许，乖其归向之心，听而不虞，或有万一之警。不容依先任其交易，事宜限节，交市之日，州遣上佐监之’”[⑤]。可见，迫于奚人的威胁，北魏不得不答应其请求，在边境设立交易市场，并派人监督。

自此，库莫奚与北魏边境保持友好的贸易往来，并定期向北魏朝贡，同时得到北魏统治者的赏赐，双方建立了贡赐关系。据文献记载，兴光元年（454）九月庚申，“库莫奚国献名马，有一角，状如麟”[⑥]；延兴五年（475）五月丁酉，“契丹、库莫奚国各遣使献名马”[⑦]。另外，库莫奚还能得到北魏的庇护，如太和四年（480）五月己酉，奚人“辄入塞内，辞以畏地豆于钞掠”[⑧]，北魏也因此颁布诏书对地豆于进行指责。

（二）库莫奚与东魏、西魏、北齐的关系

534年，北魏分裂为东魏（534—550）与西魏（535—557）。文献关于库莫奚与东魏、西魏关系的记载不多，但也有所体现。

① 《魏书》卷19上《济阴王传》，第447页。
② 《魏书》卷19下《安定王传》，第517页。
③ 《魏书》卷7下《高祖纪下》，第166页。
④ 《魏书》卷100《库莫奚传》，第2223页。
⑤ 《魏书》卷100《库莫奚传》，第2223页。
⑥ 《魏书》卷5《高宗纪》，第113页。
⑦ 《魏书》卷7上《高祖纪上》，第141页。
⑧ 《魏书》卷100《库莫奚传》，第2223页。

东魏北部边境与库莫奚相邻，出于对库莫奚的恐惧和防范，掌握东魏实权的高洋曾谏言皇帝修筑城墙以防之。高洋称：“幽、安、定三州北接奚、蠕蠕，请于险要修立城戍以防之，躬自临履，莫不严固。”[①]

关于库莫奚与西魏的关系，仅见《周书·库莫奚传》所载，库莫奚曾于西魏文帝大统五年（539）向西魏“遣使献其方物”。[②]

550年五月，高洋废东魏皇帝，建立北齐政权。高洋采取了一系列富国强兵的措施，北齐国力达到鼎盛，于是，开始对北部的库莫奚、柔然等民族采取防御措施。前文提到，在东魏时期，高洋就曾主张修筑长城以防卫北边。北齐建立后，更在幽、安、定三州险要处加筑防御体系以防范库莫奚、柔然等族，并五筑长城，西起卢龙塞（今河北省迁安市喜峰口），东至海[③]。在加强防御的同时，高洋还不失时机地发动对库莫奚的进攻。据《北齐书·文宣帝纪》记载，天保三年（552）正月，“帝亲讨库莫奚于代郡，大破之，获杂畜十余万……以奚口付山东为民”[④]。北齐大败奚众，并把俘虏的奚人迁到长城以南、太行山以东地区，这大大地削弱了库莫奚的实力，并减少了库莫奚对北齐的威胁。此后，库莫奚开始向北齐朝贡，二者保持和平关系。

天保十年（559），高洋死，子高殷即位。不久高殷废，高洋弟高演为帝。高演死后，高湛于561年即位。在这两年的时间里，北齐内讧不断，数次易主，政权极不稳定。库莫奚利用这一时机乘虚南移，但北齐给予有力的还击，皇建元年（560）十一月，“帝亲戎北讨库莫奚，出长城，虏奔遁，分兵致讨，大获牛马，括总入晋阳宫”[⑤]。北齐的胜利，对库莫奚而言又是一次惨重的失败，不得不继续向北齐朝贡。直到577年，北齐为北周所灭。

总的来看，库莫奚与北齐的关系以友好为主，如《北史·奚传》所说：“齐受魏禅，岁时来朝。”[⑥]北齐对库莫奚的两次征讨和对库莫奚造成

① 《北齐书》卷2《神武帝纪下》，第22页。
② 《周书》卷49《库莫奚传》，第899页。
③ 《北齐书》卷2《神武帝纪下》，第22页。
④ 《北齐书》卷4《文宣帝纪》，第56页。
⑤ 《北齐书》卷6《昭帝纪》，第83页。
⑥ 《北史》卷94《奚传》，第3127页。

的损失是库莫奚向北齐朝贡的重要因素之一。需要注意的是，北齐时，奚人已经被逐渐强大起来的突厥所征服，并依附于突厥[①]。奚人为了生存和发展，在依附于突厥的同时，也没有中断与北齐的联系。

纵观库莫奚与北朝的关系，除了北魏和北齐对库莫奚的几次大规模征战外，基本以友好往来为主。而这几次战争的胜利在一定程度上是二者和平友好的基础。其友好往来主要表现为库莫奚对北朝的朝贡和北朝允许奚人与边民的互市贸易。

此外，库莫奚与后燕、北燕也有过联系。如后燕慕容盛曾"讨库莫奚，大虏获而还"[②]。库莫奚与北燕的关系表现在库莫奚曾率三千余落部众请求与北燕互市，并献马千匹，被北燕安排在营丘（位于今山东省潍坊市昌乐县境内）。同时，库莫奚的部落曾降北燕，其首领被封为归善王[③]。

二、库莫奚与隋朝的关系

581年二月，北周静帝禅让帝位于杨坚（隋文帝），隋朝建立。隋朝国祚不长，文献对库莫奚与隋朝关系的记载也较为匮乏，我们只能根据较为稀少的资料，对二者的关系做大体的了解。

北齐时，库莫奚已被突厥征服。隋朝建立之初，国力较弱，无暇北顾，库莫奚仍然依附于突厥，并唯突厥马首是瞻。库莫奚曾跟随突厥对隋边境进行掠夺，给初建的隋朝带来极大的困扰。

为了缓解北部边疆的紧张局势，瓦解突厥联盟，隋朝曾派遣长孙晟至黄龙（今辽宁省朝阳市境）交结库莫奚首领。又授长孙晟为车骑将军，出黄龙道，赐币帛予奚、霫、契丹等部首领，让他们作为向导到达沙钵略弟处罗侯处，诱导处罗侯内附隋朝[④]。通过这一举措，隋朝借助奚、霫、契丹等族之力，使沙钵略可汗与处罗侯产生矛盾，有力地从内

---

① 库莫奚被突厥征服的时间约为北齐天保四年（553）前后，即6世纪中叶。详见后文"库莫奚与突厥的关系"一节。

② 《晋书》卷124《慕容盛传》，第3104页。

③ 据《晋书·冯跋传》记载："库莫奚虞出库真率三千余落请交市，献马千匹，许之，处之于营丘……契丹、库莫奚降，署其大人为归善王。"《晋书》卷125《冯跋传》，第3130、3131页。

④ 《隋书》卷51《长孙晟传》，第1331页。

部分化和瓦解了突厥的势力。隋朝的反间计之所以行之有效，源于突厥联盟中的诸部落之间本就存在着相互竞争和不信任的关系，还源于库莫奚等被征服的民族与突厥之间积怨很深，矛盾尖锐。据隋文帝下讨突厥的诏书称，在突厥的统治下，“东夷诸国，尽挟私仇，西戎群长，皆有宿怨。突厥之北，契丹之徒，切齿磨牙，常伺其便……部落之下，尽异纯民，千种万类，仇敌怨偶，泣血拊心，衔悲积恨”[①]。所以，在隋朝财物的利诱下，库莫奚转而助隋来削弱突厥的实力，并逐步脱离突厥的役属而向隋靠拢。

开皇三年（583），“突厥犯塞，崇辄破之。奚、霫、契丹等慑其威略，争来内附”[②]。可知，因隋朝在与突厥的关系中逐渐处于优势，库莫奚慑于隋朝的威力，前来内附。同年，突厥分裂为东、西突厥。开皇五年（585），东突厥可汗沙钵略正式向隋朝称臣。

仁寿元年（601），南迁的东突厥诸部发生内乱，“奚、霫五部内徙”[③]。但库莫奚还是处于东突厥的直接管辖之下，据文献记载，隋大业三年（607），隋炀帝北巡，至启民可汗居所。启民召所属部诸国奚、霫、室韦等酋长数十人咸集迎接，举国就役，除荃庭草，开为御道[④]。当然，此时库莫奚听从东突厥的调遣不是与隋为敌，而是一同拜见隋朝皇帝，是双方友好的体现。

概观奚隋关系，因突厥的存在，二者的关系并不恒定，如《隋书·奚传》所言，自突厥称藩之后，库莫奚“亦遣使入朝，或通或绝，最为无信”[⑤]。突厥政权灭亡后，奚与隋的接触渐趋频繁，并于大业年间（605—618）“岁遣使贡方物”[⑥]。大体而言，奚隋关系以开皇三年为分水岭，之前库莫奚与突厥一道对隋边境造成威胁，之后逐渐远离突厥，依附于隋。通过二者关系的变化脉络可知，库莫奚在隋与突厥之间依附强

① 《隋书》卷84《突厥传》，第1866、1867页。

② 《隋书》卷37《李崇传》，第1123页。

③ 《隋书》卷84《突厥传》，第1874页。

④ 《隋书》卷84《突厥传》，第1875页；《资治通鉴》卷180《隋纪四》炀帝大业三年，第5630、5631页。

⑤ 《隋书》卷84《奚传》，第1881页。

⑥ 《隋书》卷84《奚传》，第1881页。

者，摇摆不定，这是其在两个强大的势力之间求得生存，追求本民族利益最大化的结果。

三、库莫奚与唐朝的关系

618年，隋朝灭亡，李渊建立唐朝，这是一个统治中国近三百年，综合国力较为强盛的朝代。库莫奚与唐朝的关系经历了曲折的变化过程。鉴于奚唐关系较为复杂，我们将按唐初、唐太宗时期、唐高宗和武则天时期、唐玄宗时期和安史之乱之后这五个历史阶段对双方的关系进行考察。

（一）唐初的奚唐关系

隋末唐初，群雄并起，隋炀帝被杀后，各方势力的争夺越演越烈。中原的混乱局势，为东突厥的再一次强盛创造了时机，至启民可汗之子始毕可汗咄吉嗣立之时，“华人多往依之，契丹、室韦、吐谷浑、高昌皆役属；窦建德、薛举、刘武周、梁师都、李轨、王世充等倔起虎视，悉臣尊之。控弦且百万，戎狄炽强，古未有也”[①]。面对强大的东突厥，唐高祖李渊也曾在与诸方争霸的过程中向其求援。

库莫奚自隋仁寿年间即归启民可汗直接管辖，此时东突厥强大，契丹、室韦等北方诸族均相役属情况下，奚也不例外。史载，颉利可汗时期（620—634），东突厥“以为突利可汗，牙直幽州之北，管奚、霫等数十部”[②]。

唐朝建立之初，政局不稳，国力孱弱，库莫奚在东突厥的调遣下，曾发动对唐的战争。据文献记载，唐武德三年（620）十一月，东突厥处罗可汗听从梁师都的建议，谋使“突利可汗与奚、霫、契丹、靺鞨入自幽州，会窦建德之师自滏口西入，会于晋、绛”[③]，对新建的唐朝虎视眈眈。武德六年（623）五月癸卯，叛将高开道“以奚寇幽州，长史王说败之”[④]。

---

① 《新唐书》卷215上《突厥传上》，第6028页。

② 《通典》卷197《突厥传上》，第5412页。

③ 《资治通鉴》卷188《唐纪四》高祖武德三年，第5895页；《旧唐书》卷56《梁师都传》同载。

④ 《新唐书》卷1《高祖纪》，第16页。

又武德七年（624）八月，颉利与突利两位可汗共同出兵，与唐军对垒幽州[①]。可见，这时的库莫奚为突利可汗直接管辖，并听从颉利可汗的指挥，与之一同对唐用兵，对唐朝造成威胁。

库莫奚虽然听从东突厥的指挥，成为其侵犯唐朝的同盟军，但库莫奚与东突厥之间也存在矛盾。如《旧唐书·突厥传上》所说，在突利可汗管辖奚、霫等数十部期间，“征税无度，诸部多怨之”[②]。所以，到了唐太宗时期，在一系列行之有效的政策实施以后，奚唐关系得到了明显的改善。

（二）唐太宗时期的奚唐关系

唐太宗时期，国力渐趋强盛，唐太宗主张对国内的各少数民族一视同仁，提出了“自古皆贵中华，贱夷、狄，朕独爱之如一”[③]的观点。采取魏征“偃革兴文，布德施惠，中国既安，远人自服”的治国方略，形成了四海安宁、天下大治、边境稳定的统一局面，致使“绝域君长，皆来朝贡，九夷重译，相望于道”[④]。于是，库莫奚也不失时宜地向唐朝靠拢。

据《新唐书·奚传》记载，库莫奚自贞观三年（629）始，“阅十七岁，凡四朝贡”[⑤]。至贞观四年（630），东突厥政权灭亡，“营州都督薛万淑遣契丹酋长贪没折说谕东北诸夷，奚、霫、室韦等十余部皆内附”[⑥]。内附的奚人听从唐的调遣，参与唐的军事行动。如贞观十五年（641），薛延陀攻打东突厥，唐太宗“诏营州都督张俭统所部与奚、霫、契丹乘其东”[⑦]。贞观十八年（644）七月甲申，唐征高丽，太宗下诏命营州都督张俭等“帅幽、营二都督兵及契丹、奚、靺鞨先击辽东以观其势”。同年十二月，唐太宗再次下诏，命契丹藩长于句折，库莫奚藩长苏支各率其众，直插辽阳，切断高丽的归路。此役，奚人作战勇敢，大酋苏支因从

---

① 《资治通鉴》卷191《唐纪七》高祖武德七年，第5991页。

② 《旧唐书》卷194上《突厥传上》，第5160页。

③ 《资治通鉴》卷198《唐纪十四》太宗贞观二十一年，第6247页。

④ （唐）吴兢撰，谢保成集校：《贞观政要集校》卷5《论诚信第十七》，中华书局，2003年，第290页。

⑤ 《新唐书》卷219《奚传》，第6173页。

⑥ 《资治通鉴》卷193《唐纪九》太宗贞观四年，第6082页。

⑦ 《新唐书》卷217下《回鹘下》，第6135页。

战有功，受到唐太宗的嘉奖[1]。

贞观二十二年（648），库莫奚部落联盟长可度者率其所部内属，唐于其地设置饶乐都督府，唐以可度者为右领军兼饶乐都督，封楼烦县公，赐李氏[2]。饶乐都督府是唐在奚境设立的羁縻府州[3]，依照“全其部落，顺其土俗”的原则而建立。唐廷册封库莫奚部落和联盟首领为饶乐都督府的长官，同时还授予官称，赐姓氏。奚人的部落结构、社会组织与文化风俗也因此得以保留下来。

为了加强对饶乐都督府的管理，唐朝“复置东夷都护府于营州，兼统松漠、饶乐地，置东夷校尉”[4]，相继对饶乐都督府进行统辖和管理。其

---

① 《资治通鉴》卷197《唐纪十三》太宗贞观十八年，第6209页、第6215页。据《旧唐书》卷83《张俭传》记载，唐太宗亲征高句丽时，派遣营州都督兼护东夷校尉张俭“率蕃兵先行抄掠”，其后又任张俭为“行军总管，兼领诸蕃骑卒，为六军前锋”《旧唐书》卷83《张俭传》，第2776页。这里的“蕃兵”和“诸蕃骑卒”，即是太宗在《命张俭等征高丽诏》中命张俭等“率幽、营二都督府兵马及契丹、奚、靺鞨，往辽东问罪”的契丹、奚和靺鞨人。见（清）董诰等：《全唐文》卷7《命张俭等征高丽诏》，中华书局，1983年，第86页。

② 《旧唐书》卷199下《奚传》，第5354页。需要注意的是，据《旧唐书·地理志二》记载：“崇州，武德五年，分饶乐郡都督府置崇州、鲜州，处奚可汗部落，隶营州都督……鲜州，武德五年，分饶乐郡都督府库莫奚部落置，隶营州都督。”《旧唐书》卷39《地理志二》，第1522、1523页。《新唐书·地理志七下》亦称，唐设置的奚九州中的鲜州和崇州都是武德五年析饶乐都督府设置的。奉诚都督府条也称其本饶乐都督府，唐初置，后废。《新唐书》卷43下《地理志七下》，第1126页。这与唐贞观二十二年（648）设立饶乐都督府的说法相左，其他文献中也未见有关武德时期设置饶乐都督府的记载。另外，武德年间唐朝国力较弱，未有奚人内附，也没有唐于奚境设置羁縻府州的背景。所以，这一记载应为误记。

③ 唐代羁縻府州的设立始于唐太宗时期，据《旧唐书·李大亮传》记载，贞观四年（630），唐朝平定东突厥后，就如何安置东突厥的降户，李大亮上书言：“其自竖立称藩附庸者，请羁縻受之，使居塞外，必畏威怀德，永为蕃臣，盖行虚惠，而收实福矣。”于是，在唐廷中针对这一问题展开了一场争论，最后唐太宗采纳了温彦博的建议，“全其部落，顺其土俗，以实空虚之地，使为中国扞蔽”。并以此作为建置羁縻府州的基本方针，推行到周边各个少数民族地区。《旧唐书》卷62《李大亮传》，第2388、2389页。《资治通鉴》卷193《唐纪》太宗贞观四年，第6076页。

④ 《新唐书》卷219《奚传》，第6174页。

主要职责是安抚羁縻府州的诸部落、查看羁縻府州的动向，不生边事、监督羁縻府州对唐廷的义务以及管理羁縻府州与边地的交往贸易活动，从而维护边疆的安全与稳定。因饶乐都督府的设立，奚境成为唐朝东北边疆地区府州建置的一部分，纳入了唐朝的地方行政区划，间接受唐廷的管辖。

饶乐都督府对本族事务有一定的自主权，库莫奚的“贡赋版籍，多不上户部”[①]，奚人对本族的活动区域有直接管辖权，唐廷一般不进行干预。但是，饶乐都督府有义务维护唐边境稳定，打击各种侵扰边境的势力，也要随时听从唐廷的调遣，出兵助战。同时，还需定期向唐朝朝贡，贡纳地方物产。据《唐会要·奚》称，自建立羁縻府州后，库莫奚每岁朝贡，“或岁中三至”[②]。

总体而言，唐太宗时期，饶乐都督府的设立，开创了唐对奚境的有效管辖局面，对库莫奚起到了重要的监督作用。这期间，奚人不断向唐朝贡、听从唐的军事指挥、与唐保持频繁的经济贸易往来，奚唐关系以和平为主。

（三）唐高宗、武则天时期的奚唐关系

唐朝国力强盛和对库莫奚的有效管辖是奚唐维持和平局面的重要原因，然而，一旦唐国力见衰，疏于对边境的经略，就会给奚人以可乘之机，他们或者单独行动或与东突厥、契丹一道，出现犯唐迹象。

高宗显庆年间，接受唐廷册封的库莫奚首领可度者死。显庆五年（660），奚与契丹一同发动反对唐朝控制的战争。唐调动三路大军由尚书右丞相崔余庆指挥进行征讨，库莫奚首领匹帝、秃帝被斩，唐军也擒斩了契丹首领阿卜固[③]。奚人的反抗浪潮暂时得到压制。

调露年间（679—680），东突厥骚扰唐边境，并“诱扇奚、契丹侵掠州县，其后奚、羯胡又与桑乾突厥同反”[④]。在东突厥的煽动下，库莫奚不

---

① 《新唐书》卷43下《地理志七下》，第1119页。

② 《唐会要》卷96《奚》，第2037页。

③ 《新唐书》卷219《奚传》，第6174页；《资治通鉴》卷200《唐纪十六》高宗显庆五年，第6320页。

④ 《旧唐书》卷93《唐休璟传》，第2978页。

时发动对唐边境的侵扰。面对奚人的行为，唐高宗曾给予回击，但收效不大。永淳元年（682 年），突厥贵族骨咄禄建立了后东突厥汗国，且逐渐强盛起来。

唐朝方面，武则天称帝后，政局一度混乱，疏于对边疆事务的管理。而此时的库莫奚实力不断增强，与契丹同称为“两蕃”[①]，成为唐东北边境重要的民族力量。此时的营州都督赵文翙“总统乖方”，然“契丹饥不加赈给，视酋长如奴仆”。松漠都督李尽忠、归州刺史孙万荣于万岁通天元年（696）举兵“丧乱”。赵文翙的行为同样引起了奚人的不满，奚随同契丹一起走上反唐的道路。在奚和契丹的通力合作下，奚契联军很快攻下营州，杀了赵文翙。奚契的军势阵容引起了唐廷的恐慌，唐廷于山东等地成立了“武骑团兵”，以防御契丹、奚等的袭击[②]。同时，为了镇压奚契联军，唐廷竭力拉拢后东突厥，派专使封其首领默啜为左卫大将军、迁善可汗，还赠予其大量的铁、农具、谷种和绢帛等物品。默啜得到这些实惠后，率军直捣奚契联军的后方，奚契以失败告终[③]。

然而，在这次大规模的战乱中，奚与唐的实力均有所削弱，最大的受益者是后东突厥。后东突厥获得了唐廷的大量财物，还在战争中收罗了契丹、奚等民族的众多降者。后东突厥的强大，使库莫奚再次处于其羁属之下。与此同时，营州都督府也因无法再治柳城（今辽宁省朝阳市境），不能有效地对饶乐地区进行管辖，而南徙至幽州所属的渔阳（今天津市境）[④]。

至中宗、睿宗时期，奚唐关系依然没有改善，据《旧唐书·食货志下》记载，中宗神龙三年（707），“沧州刺史姜师度于蓟州之北，涨水为沟，以备奚、契丹之寇。又约旧渠，傍海穿漕，号为平虏渠，以避海难运粮”[⑤]。景云元年（710）十二月和延和元年（712）十一月，库莫奚骑兵

---

① 《旧唐书》卷 199 下《奚传》，第 5354 页。

② 《资治通鉴》卷 205《唐纪二十一》则天后万岁通天元年，第 6505、6506 页。

③ 《资治通鉴》卷 205《唐纪二十一》则天后万岁通天元年，第 6510 页。

④ 据《新唐书·宋庆礼传》记载：“初，营州都督府治柳城，扼制奚、契丹。武后时，赵文翙失两蕃情，攻残其府，更治东渔阳城。”《新唐书》卷 130《宋庆礼传》，第 4494 页。

⑤ 《旧唐书》卷 49《食货志下》，第 2113 页。

又两次犯塞，进掠渔阳。唐朝曾发兵十二万击奚，唐左羽林将军、检校幽州大都督孙俭及副将周以悌为奚王李大酺[1]所擒，“送于突厥默啜，并遇害”[2]。这两次战争在《旧唐书》《新唐书》的《奚传》中有较为详细的记载。

总体而言，唐高宗、武则天以及中宗、睿宗时期，奚唐关系颇为紧张。究其原因，一方面是唐朝政局不稳，疏于对奚境的管辖，唐派往边疆的大吏也缺少抚绥边境的才能。另一方面是库莫奚不断强大，联合东突厥、后东突厥、契丹而疏远唐朝或者是库莫奚受制于突厥，与唐为敌。

（四）唐玄宗时期的奚唐关系

唐玄宗时期，唐朝出现了鼎盛局面，加之唐玄宗对库莫奚采取了行之有效的民族政策，奚唐关系逐渐改善，二者之间的政治、经济、文化等多方面往来频繁。这一时期奚唐关系的友好往来主要表现为以下几个方面。

第一，库莫奚归属于唐，唐在奚境复置饶乐都督府。饶乐都督府设立于贞观二十二年，这一机构的设立使奚境成为唐朝边疆地区府州建置的一部分，间接受唐政府的管辖。但因高宗、武则天时期库莫奚近东突厥、后东突厥而远唐，饶乐都督府逐渐失去对库莫奚的管理能力。中宗、睿宗时期，饶乐都督府基本形同虚设。开元四年（716）六月，唐伐后东突厥，“大武军子将郝灵佺杀突厥默啜”[3]，后东突厥汗国衰弱，无力对库莫奚进行干预和控制。面对后东突厥渐衰而唐渐盛的局势，库莫奚首领李大酺于同年八月派遣大臣奥苏梅落向唐请降。对于库莫奚的举动，唐玄宗欣然接受，并于奚地复置饶乐都督府[4]。

---

① 李大酺，《旧唐书》作“李大辅”，《新唐书》《资治通鉴》作“李大酺”，此统一作“李大酺”。

② 《旧唐书》卷199下《奚传》，第5355页。

③ 《新唐书》卷5《玄宗纪》，第125页。

④ 据《旧唐书·奚传》载，开元三年（715），李大辅“遣其大臣粤苏梅落来请降，诏复立其地为饶乐州，封大辅为饶乐郡王，仍拜左金吾员外大将军、饶乐州都督”《旧唐书》卷199下《奚传》，第5355页；《新唐书·玄宗纪》载，开元四年（716）八月辛未，“奚、契丹降”《新唐书》卷5《玄宗纪》，第124页；《新唐书·奚传》也载，开元二年（714），李大酺“使奥苏梅落丐降，封饶乐郡王，左金吾卫大将军、饶乐都督”《新唐书》卷219《奚传》，第6174页。

文献中关于唐玄宗复置饶乐都督府的时间记载不一，《旧唐书·奚传》为“开元三年（715）”；《新唐书·玄宗纪》为“开元四年八月辛未”[①]；《新唐书·奚传》为“开元二年（714）”。通过分析可知，唐于开元四年六月讨伐后东突厥得胜，后东突厥失去对库莫奚的控制能力，才使得奚人向唐朝靠拢，且《新唐书·玄宗纪》记载的时间较为精确，应有可靠的史料来源。因此，唐玄宗复置饶乐都督府的时间应为开元四年八月辛未。

开元五年（717），唐玄宗于柳城复置营州都督府[②]，并于同年在营州置平卢军使，于开元七年（719）升平卢军使为平卢军节度使，经略河北支度、管内诸蕃及营田等使，兼领安东都护及营、辽、燕三州[③]，以便更有效地监管和控制库莫奚。

饶乐都督府负有向唐廷朝贡、保卫唐边境安全、听从唐的军事调遣等义务。饶乐都督府的复置，使库莫奚在行政上又归属于唐，并间接受唐廷的管辖，这是唐奚边境和平的重要因素，也是双方友好往来的重要保障。

第二，唐册封公主与库莫奚首领和亲。和亲是中原政权与周边民族较为常见的关系之一，自汉高祖刘邦有之。唐代的和亲始于唐高祖时期，太宗时期频繁实践，效果明显。唐与库莫奚的和亲共有三次，均发生于唐玄宗时期。

唐奚的第一次和亲即开元五年三月丁巳，唐玄宗“以辛景初女封为固安县主，妻于奚首领饶乐郡王大酺”[④]。第二次和亲为开元十年（722），奚王李大酺死，其弟李鲁苏入朝，袭其兄职位，“仍以固安公主为妻”，但因固安公主“与嫡母未和，递相论告”，玄宗诏令其离婚，“复以成安公主之女韦氏为东光公主”妻鲁苏[⑤]。第三次和亲发生于天宝四年（745）三月，

---

① 《资治通鉴》《册府元龟》《新唐书·契丹传》与《新唐书·玄宗纪》的记载相同。

② 《旧唐书》卷199下《奚传》，第5355页。

③ 《新唐书》卷66《方镇三》，第1832、1833页。

④ 《旧唐书》卷8《玄宗纪》，第177页。

⑤ 《旧唐书》卷199下《奚传》，第5355页。据《唐会要·和蕃公主》载，固安公主因“嫡母嫉主荣宠，乃上言云主是庶生，请别以所生（公）主嫁鲁苏。上怒，乃令离婚”《唐会要》卷6《和蕃公主》，第86、87页。

玄宗以宗室女杨氏为宜芳公主适库莫奚首领怀信王、饶乐都督李延宠[1]。

分析唐奚的三次和亲可以发现，其一，和亲公主所嫁的李大酺、李鲁苏、李延宠均为库莫奚的最高首领——奚王或者饶乐都督。其二，和亲公主均不是皇帝的亲生女儿，而是封宗亲之女为公主以出嫁。如固安公主本为玄宗的重外甥女[2]，东光公主为玄宗的外甥女，唐中宗第八女成安公主与韦捷之女[3]宜芳公主也为宗室之女。其三，和亲过去的公主遵守库莫奚抱寡嫂婚和收继婚的习俗，如固安公主在李大酺死后又嫁李鲁苏，固安公主离婚之后，东光公主续嫁李鲁苏。其四，在奚唐关系紧张的情况下，和亲公主的命运不由自己掌控，甚至成为二者之间博弈的牺牲品。如契丹胁奚众并附突厥之时，李鲁苏不能制，奔榆关，东光公主奔平卢以求自保[4]。宜芳公主则因安禄山对库莫奚的迫害，被李延宠所杀[5]。

唐奚和亲有一定的政治意义，对笼络、监督库莫奚首领，改善双方的关系起到重要作用。如固安公主因觉察到库莫奚牙官塞默羯谋叛，“置酒诱杀之”，从而避免了唐奚冲突，“帝嘉其功，赐主累万”[6]。和亲的实现对唐和库莫奚而言均有利益。在唐玄宗看来，和亲能够加强与库莫奚的血亲联系，密切二者的关系，形成“亲如一家”的氛围。对库莫奚首领而言，通过和亲成为大国之婿，对其树立威严、统辖本民族诸部落大有裨益。

第三，唐对库莫奚上层人物进行册封。册封也是中原政权与周边民族加强政治联系的重要手段之一。中原政权主要想通过册封的手段达到“四方诸国，以我为君”的政治目的[7]。唐玄宗对奚王的册封始于开元四

---

① 《新唐书》卷219《奚传》，第6175页。

② 《旧唐书》卷199下《奚传》，第5355页。

③ 《新唐书》卷83《诸帝公主传》，第3655页。

④ 《新唐书》卷219《奚传》，第6175页。

⑤ 据《资治通鉴·唐纪》载：“安禄山欲以边功市宠，数侵掠奚、契丹；奚、契丹各杀公主以叛。”《资治通鉴》卷215《唐纪三十一》，第6868页。

⑥ 《新唐书》卷219《奚传》，第6174页。

⑦ 中原王朝希望通过“复加以侯王之号，申之封拜之宠……持节封建，以震乎威灵”，在周边民族政权“告终称嗣”之时，对其“抚封世及”，则“必俟文告之命，乃定君臣之位”。同时，在中原王朝统治者看来，通过对周边民族首领的册封能够达到“革彼犷悍，被之声教”的目的。见《册府元龟》卷963《册封第一》，第11326页。

年，库莫奚首领李大酺遣使表示归附，玄宗“封大辅为饶乐郡王，仍拜左金吾员外大将军、饶乐州都督”。开元十四年（726）正月，封李鲁苏为“奉诚王，授右羽林军员外将军”[①]。开元二十年（732），库莫奚酋长李诗、琐高等率部来降，玄宗“诏封李诗为归义王、兼特进、左羽林军大将军同正。仍充归义州都督”。天宝五年（746），封奚王“娑固为昭信王，仍授饶乐都督”[②]。

除了奚王之外，唐玄宗对前来朝贡的库莫奚各级酋长也采取了同样的政策。据文献记载，自开元十年（722）至天宝二年（743）的二十余年里，尤其是开元年间，有大量的库莫奚上层人物得到玄宗的册封，接受官爵的奚人超过以往的任何一个时期[③]。在大行册封晋爵的同时，唐玄宗还对前来朝贡的使节采取留宿卫[④]、留质子[⑤]的措施。留宿卫、质子的

① 《旧唐书》卷199下《奚传》，第5355页。关于“奉诚王”，《新唐书·奚传》作“奉诚郡王”。《旧唐书·奚传》、《资治通鉴》卷213、《唐纪二十九》、《册府元龟·册封第一》等文献均作“奉诚王”。本文作“奉诚王”。

② 《旧唐书》卷199下《奚传》，第5355、5356页。

③ 开元十年（722）七月，授前来朝贡的奚王兄默俱及谷锁高将军；开元十二年（724）二月，库莫奚遣大首领李奚奴等十人来贺正，进阶游击将军，各赐帛五十疋；开元十二年五月，授库莫奚使节折冲；开元十三年（725）正月，授库莫奚使节中郎将；开元十四年（726）正月，库莫奚御史郡王父李缀进位右武卫员外大将军，库莫奚弱水州刺史李高进阶镇军大首领，其余二百余人并授郎将，开元十四年六月，授库莫奚使节阿布高中郎将；开元十六年（728）二月，库莫奚质子右领军卫将军李如越卒，制赠左骁卫大将军，官造灵舆，给迎还库莫奚；开元十六年八月，授库莫奚使节特没于中郎将；开元十六年十月，授库莫奚首领李窟何为左威卫将军；开元二十年（732）正月壬子库莫奚国义王遣其首领佃苏等来朝，授将军，赐帛有差；开元二十年正月庚申，库莫奚遣使贺正并授郎将，赐帛有差；开元二十年十月，库莫奚首领铺都来朝，授将军，赐帛五十匹；开元二十一年（733）四月，库莫奚首领属鹘留来朝，授果毅；天宝二年（743）正月，库莫奚刺史达利胡等一百八十人并来朝，册勋皆授中郎将，赐紫袍、金细带、金鱼袋。见《册府元龟》卷975《褒异第二》，第11448—11454、11457页。

④ 开元十年七月，奚王兄奴默俱及谷锁高来朝，留宿卫；开元二十一年四月，库莫奚首领属鹘来朝，留宿卫。见《册府元龟》卷975《褒异第二》，第11448、11454页。

⑤ 开元十六年二月，“奚质子右领军卫将军李如越卒，制赠左骁卫大将军，官造灵舆，给迎还奚”。见《册府元龟》卷975《褒异第二》，第11451、11452页。热瓌也是奚族质子，见前文第一章《奚国质子热瓌墓志》。

有饶乐都督的兄长，也有奚王本人，均是库莫奚举足轻重的人物。

唐玄宗对库莫奚上层人物进行册封，进一步拉近奚唐的关系，唐以官爵和地位相笼络，又以留宿卫和质子达到牵制奚人的目的。奚首领也希望通过册封得到唐朝在政治、经济、军事、外交等方面的支持和提携，以提高自己在本部落的政治地位和扩大与周边民族交往的影响力。

第四，唐与奚人互市，并大行赏赐。唐玄宗时期国力强盛，经济繁荣，与周边民族贸易往来频繁。与奚人互市、对库莫奚来唐使节给予丰厚的赏赐也是玄宗时期奚唐关系的重要内容。

唐玄宗时期，营州、幽州（今北京市境）与奚人的交界处设有互市场所。据记载，开元四年，“奚使乞于西市货易”[①]，玄宗许之，这应为唐奚设市贸易之始。开元五年，营州都督府复置后，都督宋庆礼“集商胡立邸肆。不数年，仓，廥充，居人蕃辑”[②]。随着唐奚互市规模的不断扩大，营州地区在二十年内出现“部落不耸，安农互商，金帛山积”[③]的景象。至天宝年间，互市依旧存在，时任平卢衙前兵马使的杨燕奇曾“世掌诸蕃互市”[④]。另外，幽州节度使辖内还设有掌管边贸物品定价的“互市牙郎”[⑤]一职，安禄山、史思明均任过此职[⑥]。这一职位的出现也是唐奚贸易繁荣的重要标志。

通过互市，中原的棉纺织品、农副产品、日常生活用品等运往奚地。奚人的畜牧业产品来到中原。唐还专门在饶乐都督府北设有与奚人交易的马场，印有“Z”字标识的奚马品质优良，深得唐人喜爱[⑦]。时任幽州

---

① 《册府元龟》卷 999《互市》，第 11727 页。

② 《新唐书》卷 130《宋庆礼传》，第 4494 页。

③ 《全唐文》卷 352 樊衡《为幽州长史薛楚玉破契丹露布》，第 3569 页。

④ （唐）韩愈撰，马其昶校注，马茂元整理：《韩昌黎文集校注》卷 6《清边郡王杨燕奇碑文》，上海古籍出版社，1986 年，第 356 页。

⑤ 《资治通鉴》卷 214《唐纪三十》胡三省注“互市牙郎”曰：“南北物价，定于其口，而后相与贸易。”第 6817 页。

⑥ 据《旧唐书·安禄山传》称，安禄山“及长，解六蕃语，为互市牙郎”《旧唐书》卷 200 上《安禄山传》，第 5367 页；《旧唐书·史思明传》称，史思明“解六蕃语，与禄山同为互市郎”《旧唐书》卷 200 上《史思明传》，第 5376 页。

⑦ 据《唐会要·诸蕃马印》记载：“奚马，好筋节，胜契丹马，余并与契丹同，今饶乐都督北，印‘Z’。”《唐会要》卷 72《诸蕃马印》，第 1549 页。

都督的张说也曾命养马放牧之人“市骏于两蕃”[①]。

同时，唐玄宗对奚王和来朝使节均大行赏赐。这种朝贡与赏赐是政治行为，也是一种特殊的互市贸易形式。库莫奚使节贡唐马匹、麝香等地方物产，唐回赐以绢、帛、金银器等汉地物品。

通过对比发现，唐玄宗对奚人的赏赐与其职位高低、和唐的亲疏远近及其对唐的重要程度相关。其中赏赐最多的是与唐和亲的三位奚王，玄宗赐李大酺“物一千五百匹”[②]，赐李鲁苏“物一千匹，银器七十事及锦袍、细带等”[③]。及东光公主出嫁后，赏赐愈加丰厚，玄宗曾遣使赍绢锦八万段分赐库莫奚及契丹诏曰：“公主出降蕃王，本拟安养部，请入朝谒，深虑劳烦。朕固割恩，抑而未许，因加殊惠，以慰远心。奚有五部落，宜赐物三万段，先给征行游奕兵及百姓，余一万段与东光公主、饶乐王衙官、刺史、县令。”[④]对前来降附的奚人首领也给予较重的赏赐，如开元二十年，唐玄宗赐前来归降的库莫奚酋长李诗、琐高“物十万段”[⑤]。

此外，文献中有大量唐玄宗赏赐库莫奚使节的记载[⑥]。较之玄宗的赏赐，库莫奚来朝所贡物品的次数和数量都是无法比拟的[⑦]，这也是玄宗一

---

① 《全唐文》卷312孙逖《唐故幽州都督河北节度使燕国文贞张公遗爱颂并序》，第3173页。

② 《旧唐书》卷199下《奚传》，第5355页。

③ 《册府元龟》卷975《褒异第二》，第11448页。

④ 《册府元龟》卷979《和亲》，第11500、11501页。

⑤ 《旧唐书》卷199下《奚传》，第5356页。

⑥ 开元十二年，库莫奚遣使，赐帛五十匹；开元十四年，阿布高来朝，赐紫袍、金鱼袋；开元十六年八月，特没于来朝，赐紫袍、金带；开元十六年十月，库莫奚首领李窟何来朝，赐紫袍、金带；开元十七年三月，库莫奚遣使，赐紫袍、金带；开元二十年正月壬子，库莫奚首领佃苏等来朝，赐帛有差；开元二十年正月庚申，库莫奚遣使贺正，赐帛有差；开元二十年十月，库莫奚首领铺都来朝，赐帛五十匹；开元二十一年四月，库莫奚首领属鹘留来朝，赐绢四十匹；天宝二年正月，库莫奚刺史达利胡等来朝，赐紫袍、金细带、金鱼袋。见《册府元龟》卷975《褒异二》，第11449—11452、11454、11457页。

⑦ 库莫奚使节带贡品来朝，见于文献记载的只有三次，即开元十二年五月，库莫奚进贡麝香；开元十三年正月，库莫奚遣使贺正且献方物，赐紫袍、银钿带；开元十八年十一月，库莫奚贡献方物，赐帛。《册府元龟》卷971《朝贡四》，第11407页；卷975《褒异二》，11407页；卷971《朝贡四》，11409页。

朝库莫奚遣使朝贡较为频繁的重要原因之一。

唐与奚的互市是双方经济发展的客观要求，通过互市，二者互通有无、取长补短。通过赏赐，唐玄宗自感四方来朝之荣耀，显示大国物资殷实，施以恩惠，达到拉拢奚人之目的，奚人也因此获得生活的必需品和奢侈品。互市与赏赐既是唐奚之间的经济交往，也是政治关系的一种表现。

总之，唐玄宗时期，奚唐关系的紧张局面明显改善。据《旧唐书·礼仪三》记载，开元十三年（725），唐玄宗大行礼仪，戎狄夷蛮羌胡朝献之国，如后东突厥颉利发，契丹、奚等王，都参与其中[①]。库莫奚还曾随唐将出兵后东突厥，并捕捉突厥可汗默棘连[②]，也曾随唐出兵讨契丹[③]。

然而，奚唐关系并不是一帆风顺的，除了受奚、唐各自的立场和政策影响之外，还会受到契丹、后东突厥、回纥的影响。如开元十八年（730），松漠都督李邵固遣牙官静析军副使可突于入贡，因唐朝的同平章事李元紘的不礼遇，可突于杀李邵固，率契丹人并胁库莫奚部众叛唐降后东突厥[④]。唐历时四年才平定这次叛乱，重新恢复对库莫奚的控制。

后东突厥登利可汗即位后，也曾发动了两次对库莫奚的进攻。第一次发生于开元二十三年（735），面对后东突厥的进攻，奚与契丹奋力反击，战争呈胶着状态。唐玄宗指示唐将乌知义说："两蕃既已归我，突厥仍敢患边，此其不顺，诚可歼灭。适闻契丹及奚等，并力合谋，同破凶丑；卿亦继进，相与成功。"[⑤]又指示库莫奚都督右金吾卫大将军归诚王李归国："卿可伺其归师，乘其丧气，与诸将计会，逐要追袭，时不可失"。[⑥]

---

① 《旧唐书》卷23《礼仪三》，第900页。

② 《新唐书》卷215下《突厥传下》，第6052页。

③ 据《旧唐书·契丹传》记载，开元二十一年（733），"幽州长史薛楚玉遣副将郭英杰、吴克勤、邬知义、罗守忠率精骑万人，并领降奚之众追击之。军至渝关都山之下，可突于领突厥兵以拒官军"《旧唐书》卷199下《契丹传》，第5353页。

④ 《资治通鉴》卷213《唐纪二十九》玄宗开元十八年，第6789页。《旧唐书·奚传》亦载，开元十八年，"奚众为契丹衙官可突于所胁，复叛降突厥。鲁苏不能制，走投渝关，东光公主奔归平卢军。其秋，幽州长史赵含章发清夷军兵击奚，破之，斩首二百级。自是奚众稍稍归降。"《旧唐书》卷199下《奚传》，第5356页。

⑤ （唐）张九龄撰，熊飞校注：《张九龄集校注》卷9《勅平卢（节度）使乌知义书》，中华书局，2008年，第563页。

⑥ 《张九龄集校注》卷9《勅奚都督（右金吾卫大将军归诚王）李归国书》，第562页。

在奚、契丹、唐的多方努力下，后东突厥以失败告终。后东突厥对库莫奚的第二次进攻发生于开元二十四年（736）。这次战争唐未能全力以赴，库莫奚损失惨重，势力大减[①]。迫于无奈，库莫奚又一次役属于后东突厥。直到登利可汗后期，后东突厥内部矛盾深化，逐渐衰落，库莫奚才回归唐朝的控制。

至安史之乱时期，奚唐之间冲突不断。据文献记载，在安禄山任平卢节度使，管辖奚人事务时期，“欲以边功市宠，数侵掠奚、契丹”[②]。其后，安禄山又“屡诱奚、契丹，为设会，饮以莨菪酒，醉而坑之，动数千人，函其酋长之首以献，前后数四”[③]。这无疑加深了奚人对唐的仇恨，奚唐关系日趋紧张。天宝十四年（755），安禄山破库莫奚五千骑[④]。安禄山对库莫奚的战争和胜利，进一步壮大了自己的羽翼，但也增加了奚对唐廷的误解与仇恨，二者关系日趋紧张。

天宝十四年，由安禄山、史思明领导的安史之乱爆发，这给唐朝以致命的打击。安禄山在对库莫奚的战争中，获利较大，同时，他拉拢和利诱了一些奚人为自己效力。史思明的成长和壮大也是以牺牲奚人的代价而取得的[⑤]。在安史之乱期间，奚人被安史集团利用，起到了帮凶的作用。据统计，参与安史之乱的奚兵总数约有十万人[⑥]。

虽然安史之乱以唐朝的胜利而告终，但这次战乱对于唐朝和库莫奚而言，均损失惨重，并深刻地改变了二者之间的友好往来关系。文献中

---

① 唐廷公文称：“奚既破伤，殆无遗噍；契丹孤弱，何能自全？”见熊飞：《张九龄集校注》卷8《敕幽州节度（副大）使张守珪（等）书》，第545页。

② 《新唐书·奚传》称，安禄山任范阳节度使时，为邀宠朝廷，“诡边功，数与鏖斗，饰俘以献，诛其君李日越，料所俘骁壮戍云南”《新唐书》卷219《奚传》，第6175页。

③ 《资治通鉴》卷216《唐纪三十二》玄宗天宝九载，第6900页。

④ 《册府元龟》卷434《献捷第一》，第5159页。

⑤ 据两《旧唐书》《新唐书》之《史思明传》记载，史思明开始是一个互市牙郎，因欠下官债，无法偿还而逃到奚境。在被奚人俘获，并要将其处死之时，他谎称自己是唐朝派来的和亲使者，骗得奚王的信任并被厚待。在其返回的时候，又要求奚王派遣良将三百余人与之同往。至平卢，又说服节度使裴休子，将随行的奚人多杀之，将琐高送往幽州。因此事，史思明得到玄宗的赏识，很快成为平卢兵马使。

⑥ 孟广耀：《安史之乱中的奚族》，《社会科学战线》1985年第3期。

也曾见到安史之乱期间库莫奚朝贡唐廷的记载[①]，但这在次数上是无法与唐太宗时期和唐玄宗前期相比的。安史之乱期间安史集团对奚人迫害，从中渔利和唐政局不稳，无力北顾，任由安史集团肆意胡为是奚唐关系紧张的主要原因。

（五）安史之乱后的奚唐关系

安史之乱后，唐朝国势日衰，藩镇割据势力强大，朝廷对边疆的羁縻府州经营无力。自肃宗上元元年（760），平卢节度使对饶乐都督府失去控制力，监管饶乐都督府的职责转移给范阳节度使[②]。虽然"藩镇擅地务自安，鄣戍斥候益谨，不生事于边，奚、契丹亦鲜入寇"[③]。但是，藩镇只顾自己势力的发展，无心经营和管辖边地羁縻府州，致使库莫奚数次犯边。加之此时回纥的势力强大，库莫奚羁属于回纥，也对奚唐关系造成了不利的影响。

贞元四年（788）七月，库莫奚与室韦趁北方"不严斥候"之际，"寇振武，执宣尉中使二人，大掠人畜而去"[④]。对于这种情况，唐政府已经没有能力用武力来解决，只能听之任之。

但这一时期，库莫奚前来朝贡和唐的封赐、授爵和奖赏并未中断[⑤]。

---

① 至德二年（757）十月，库莫奚首领白越入朝，唐肃宗赐食、缯帛、锦绣、衣服等；乾元三年（760）正月，肃宗宴请库莫奚使节土门将军，赐金帛、器物有差；唐代宗宝应元年（762）八月，库莫奚使节来朝，宴于三殿。见《册府元龟》卷976《褒异第三》，第11460、11461页。

② 据《旧唐书·地理志一》记载，范阳节度使"临制奚、契丹"。《旧唐书》卷38《地理志一》，第1387页；《旧唐书》卷199下《奚传》亦称："故事，常以范阳节度使为押奚、契丹两蕃使。"《旧唐书》卷199下《奚传》，第5356页。

③《新唐书》卷219《契丹传》，第6172页。

④《资治通鉴》卷233《唐纪四十九》德宗贞元四年，第7514页。

⑤ 据文献记载，唐德宗贞元十年（794）二月，库莫奚大首领梅落隘都等受果毅都尉；唐宪宗元和元年（806）二月，授入朝奚王梅落银青光禄大夫、检校司空、饶乐郡王；元和三年（808）正月，授库莫奚首领索位威卫将军，充檀蓟游弈使，赐姓李氏；元和四年（809）十月，以投来奚王没辱孤为右领军卫将军员外同正，充幽州卢龙军节度使、平林游弈兵马使，赐姓李氏；元和十五年（820）十一月，穆宗赏库莫奚使节银器、锦彩；太和八年（834）正月，唐文宗封赏库莫奚使节；开成三年（838）二月，封赏入朝库莫奚使节。见《册府元龟》卷976《褒异第三》，第11462—11464、11466页。

同时，奚唐贸易也较为频繁，库莫奚来唐的使团曾多达几百人，浩浩荡荡，规模浩大。对此，唐廷特别规定，自元和十一年（816）起，库莫奚的使团行至幽州时，从中选其酋渠三五十人，引见于长安麟德殿，赐以金帛遣还，其余的皆留驻于幽州馆驿[①]。在库莫奚使节返回时，朝廷常常派官员陪伴，太和七年（833）三月，尹士恭就担任过陪送奚使节的任务[②]。可见，在库莫奚羁属于回鹘的情况下，奚唐的往来并未中断。然而，库莫奚对唐的侵扰也时有发生，如太和四年（830）四月丁未，库莫奚再次犯边，唐廷派李载义败之[③]。

自安史之乱后，管辖库莫奚的幽州卢龙节度使的内部政局也极为不稳，太和五年（831）正月，幽州军队暴乱，将领杨志诚驱逐节度使李载义。唐文宗问牛僧孺缘故，牛僧孺明确指出，自安史之乱后，范阳（今北京市境）一直被军人占据，朝廷没有从那里获得尺布斗粟。然而，朝廷之所以依靠范阳，是为抵御奚和契丹，不使其南犯。幽州卢龙节度使，对朝廷已无经济意义可言，但从其切身利益出发，他们捍卫自己的土地对奚、契丹的南下，必然起到阻挡作用。并称，在这一问题上，节度使与朝廷利益完全一致。所以，幽州卢龙节度使"今日志诚之得，犹前日载义之得也"。朝廷只需要"因而抚之,亦事之宜也"[④]。从牛僧孺的叙述中，不难看出对于安史之乱后幽州的政局，朝廷也无能为力，但为了利用幽州对库莫奚的抵制，也只能置若罔闻。

大中元年（847），"北部诸山奚悉叛，庐龙张仲武禽酋渠，烧帐落二十万，取其刺史以下面耳三百，羊牛七万，辎贮五百乘，献京师"[⑤]。这次征讨大大地削弱了库莫奚的实力。自此至唐朝灭亡，奚唐关系较为紧张。但在唐国力下降、库莫奚羁属于回鹘的境况下，奚唐的往来，尤其

① 《旧唐书》卷199下《奚传》，第5356页。

② 《新唐书》卷8《文宗纪》，第234页。

③ 《新唐书》卷8《文宗纪》，第233页。

④ 《旧唐书》卷180《杨志诚传》，第4676页；《旧唐书》卷172《牛僧孺传》，第4471页。

⑤ 《新唐书》卷219《奚传》，第6175页；《新唐书》卷212《张仲武传》，第5981页。同载于《为荥阳公贺幽州破奚寇表》和《为荥阳公贺幽州破奚寇上中书状》，载《李商隐文编年校注》，中华书局，2002年，第1346、1359页。

是库莫奚对唐朝贡一直持续存在。

纵观库莫奚与唐的关系，在不同时期呈现不同特点。唐初、唐高宗和武则天时期、安史之乱之后奚唐关系为和平与冲突并存，甚至是冲突更多。唐太宗和唐玄宗时期奚唐关系以和平为主。而奚唐关系如何取决于唐朝的实力、唐对库莫奚的政策、库莫奚的向背以及契丹、突厥、回纥等民族对库莫奚的影响。

综上所述，在库莫奚的历史发展过程中，始终与中原政权保持着程度不同、形式各异的关系。概括来讲，二者的关系主要是和平与战争两种形式的交织。当双方的利益得到满足时，即是和平时期，库莫奚首领向中原政权朝贡、政治上归属、保证不对中原政权造成威胁，甚至听从中原政权的军事调遣。中原政权，尤其是较有实力的政权（如唐朝）会通过设置羁縻府州、和亲、封赏、加官晋爵、互市贸易等手段保持与库莫奚的友好关系。然而，当任何一方的利益受到损害时，这种和平关系就会被打破，奚人会不失时机地或单独行动，或与强大的另一方联合起来共同对中原边境进行骚扰和掠夺。中原政权也会以库莫奚“背叛”的名义，对其发动军事进攻，进行征讨，以作为惩戒。

从库莫奚与中原政权关系的变化趋势中不难发现，决定二者关系走向的是各自的综合实力。对于库莫奚而言，在其实力弱小，中原政权强盛之时，会通过朝贡的方式，表示归附，得到官职爵位和包括珠宝、锦缎、粮食等物品在内的丰厚回赐。而在其强大，中原政权衰微，或是周边某一个民族强于中原政权之时，库莫奚会通过战争的方式掠夺中原边境获得日常所需要的生产和生活用品，或是依附、联合那个强大的民族与中原政权对立，得到想要的利益。

而在这种或战或和的交往过程中，库莫奚更看重的是经济利益，他们的目的就是尽其所能地获得日常生活必需品或奢侈品。在和平时期，奚人会如期向中原政权朝贡，表示归附和忠心，通过边境贸易和回赐获得巨大的经济利益。一旦这种和平的关系被打破，奚人就会通过军事手段，对中原边境进行掠夺，较为直接地达到经济目的。中原政权则更重视政治利益，他们需要库莫奚的归属和臣服，以显示皇朝的一统风范。在和平时期，他们允许中原边境与库莫奚进行互市和贸易，并对库莫奚首领或前来朝贡的使节进行册封和赏赐。即使在战争时期，他们也会通过经济诱惑的手段竭力拉拢，以争取库莫奚的靠近和归附。

无论如何，库莫奚与中原政权之间或战或和的关系都曾促进了库莫奚与中原的相互了解，促进了二者之间的政治、经济、文化等多方面的交流和往来。这对库莫奚与中原政权自身的发展、中国古代多民族之间的互动与交融、中国古代多民族国家的产生和形成均有着重要的意义。

第二节　库莫奚与各民族的关系

库莫奚出现于魏晋南北朝这个多民族共存和发展的历史时期。自出现之日起，除了与中原诸政权发生或战或和的关系外，与周边的其他民族如契丹、突厥、回纥等均有着较为密切的联系。探讨库莫奚与周边民族的关系，对中国古代民族关系史的研究具有重要意义。

一、库莫奚与契丹的关系

奚与契丹二族，同出宇文鲜卑，地域相邻，语言相通，风俗习惯相近，有着密切的渊源。北朝至隋代，在各自的发展过程中，二者相互往来，如影随形，但也不乏冲突和战争。唐代，奚与契丹并称为“两蕃”，基本与唐保持一致的关系。唐末，契丹开始了对库莫奚的征服。辽代，库莫奚归附契丹，成为契丹国家组织的一部分。库莫奚在辽朝的政治、经济、军事体系中占有重要地位，为契丹贵族的统治起到举足轻重的作用。

（一）北朝至唐库莫奚与契丹的关系

344 年，宇文鲜卑灭亡，其部众的一部分逃至松漠之间，发展成后来的库莫奚与契丹两族。登国三年，在拓跋珪对库莫奚的征伐之后，奚与契丹分离[①]。自 344 年奚与契丹的先祖从宇文鲜卑分裂出来后，至 388 年分离，二者共同生活在松漠地区 40 余年。无论从族源，还是共同的成长经历，二者均有着密切的关系。

库莫奚与契丹在各自的发展进程中，均与中原政权保持着不同程度

① 据《魏书·契丹传》记载：“登国中，国军大破之，遂逃迸，与库莫奚分背。”《魏书》卷 100《契丹传》，第 2223 页。

的联系。隋朝初年，二者都役属于突厥，曾在突厥的指挥下侵犯隋朝边境。在隋朝的离间和利诱下，他们转而与隋合作，逐渐脱离突厥的控制。开皇三年（583），库莫奚与契丹部众相继内附于隋，直到隋朝灭亡。

随着库莫奚与契丹各自的发展和壮大，大体至隋末唐初①，二者的实力相当，因对同一片地域、草场、水源、牲畜和人口的争夺，互不相让，经常发生冲突和战争。如《周书·库莫奚传》称，库莫奚"与契丹相攻，虏获财畜，因而行赏"②。《旧唐书·奚传》称，奚人"好与契丹战争"③。《旧唐书》《新唐书》之《契丹传》中也有类似的记载④。宋使胡峤也称："奚，与契丹略同而好杀戮。"⑤

由此可知，在库莫奚与契丹的关系史上，两族的斗争极为频繁。唐代，奚与契丹的命运十分相似，他们依据情势在唐与东突厥或回纥之间依附不定。同时，唐对奚和契丹实行同样的政策，设置羁縻府州，对其上层实行册封、赏赐、和亲等措施。武则天时期，库莫奚与契丹"两国常递为表里，号曰'两蕃'"⑥。东突厥与回纥也对奚和契丹实施同样的羁属方式。在这一时期，他们更多的是相互协同、合作，一致对外，冲突和战争鲜有发生。

唐武德初年，库莫奚与契丹同附于东突厥，对唐边境造成威胁⑦。

---

① 从文献记载看，隋末唐初之前，库莫奚与契丹的发展大体是同步的，库莫奚最初臣属于突厥，后来稍微强盛，分为五部：一是辱纥主，二是莫贺弗，三是契箇，四是木昆，五是室得。在内外因素的作用下，奚和契丹相继进入部落联盟时期。奚"有阿会氏，五部中为盛，诸部皆归之"见《隋书》卷84《奚传》，第1881页。而契丹此时有八部，即悉万丹、何大何、伏弗郁、羽陵、日连、匹絜、黎、吐六于等。见《辽史》卷32《营卫志中》，第377页。

② 《周书》卷49《库莫奚传》，第899页。

③ 《旧唐书》卷199下《奚传》，第5354页。

④ 据《旧唐书·契丹传》记载，契丹，"本臣突厥，好与奚斗，不利则遁保青山及鲜卑山"《旧唐书》卷199下《契丹传》，第5350页。《新唐书·契丹传》也称，契丹"与奚不平，每斗不利，辄遁保鲜卑山"《新唐书》卷219《契丹传》，第6167页。

⑤ （五代）胡峤：《陷辽记》，《五代宋金元人边疆行记十三种疏证稿》，第29页。

⑥ 《旧唐书》卷199下《奚传》，第5354页。

⑦ 据《旧唐书·契丹传》称，武德初年，契丹"数抄边境"。《旧唐书》卷199下《契丹传》，第5350页。

武德中期，二者在依附东突厥的同时，又保持与唐的联系。贞观四年（630），东突厥政权灭亡，库莫奚与契丹相继向唐靠拢，并接受唐的调遣，助唐进一步削弱东突厥势力。到了贞观二十二年（648），库莫奚与契丹首领率部内属，唐在奚境设立饶乐都督府，在契丹境设立松漠都督府[①]。羁縻都督府的设置，表明库莫奚与契丹均接受唐政府的羁縻统治。自此之后的几十年时间里，库莫奚、契丹均与唐朝保持相对友好的朝贡和贸易往来关系。诚然，保持这种和平关系的重要原因是唐朝国力雄厚，能够给予奚与契丹所需要的利益，并且没有其他政权或势力的干扰。一旦这些因素有所改变，奚、契就会协同行动与唐为敌，或者背弃对方，做出符合自己利益的选择。

武则天万岁通天元年（696），库莫奚和契丹因营州都督赵文翙的不礼遇和不作为而发生叛乱，对唐边境造成极大的威胁。在唐的平叛过程中，请后东突厥默辍可汗出兵相助，同时，奚人叛唐，奚契联军很快失败[②]。此次战乱，后东突厥获利最大，战后的奚、契丹等族余众皆归于后东突厥[③]。所以，自武则天神功元年（697）起，随着后东突厥势力的逐渐恢复，奚与契丹“常受其征役”[④]。

在库莫奚与契丹各自的发展变化中，契丹渐强。面对契丹的强大，库莫奚惶恐不安，为了不被契丹吞并，曾与后东突厥互为表里，与契丹相攻击、掠夺[⑤]。给契丹造成不小的损失。

---

① 《旧唐书》卷 199 下《奚传》，第 5354 页；《旧唐书》卷 199 下《契丹传》，第 5350 页。

② 据《通鉴纪事本末・唐平奚契丹》记载：“使乙冤羽驰报万荣（言默啜已获其家属），时万荣方与唐兵相持，军中闻之恼惧。奚人叛万荣。神兵道总管杨玄基击其前，奚兵击其后，获其将何阿小，万荣军大溃，帅轻骑数千东走，前军总管张九节遣兵邀之于道，万荣穷蹙，与其奴逃至潞水东，息于林下。叹曰：今欲归唐，罪已大，归突厥亦死，归新罗亦死，将安之乎！奴斩其首以降。枭之四方馆门。”（南宋）袁枢：《通鉴纪事本末》卷 29《唐平奚契丹》，中华书局，1964 年，第 2705 页。《新唐书・契丹传》也称：“神兵道总管杨玄基率库莫奚军掩其尾，契丹大败。”《新唐书》卷 219《契丹传》，第 6169 页。

③ 《通鉴纪事本末》卷 29《唐平奚契丹》，第 2705 页。

④ 《旧唐书》卷 194 上《突厥传上》，第 5172 页。

⑤ 据《旧唐书・契丹传》记载：“奚及突厥之众掩击其后，掠其幼弱。”《旧唐书》卷 199 下《契丹传》，第 5351 页。

唐玄宗时期，库莫奚与契丹又归附于唐，唐复置饶乐都督府与松漠都督府[①]。开元六年（718），契丹首领李失活死，其从弟娑固袭位。开元八年（720），娑固手下将领可突于与之争位，娑固南奔求助于奚王李大酺。李大酺在“率兵救契丹”的过程中被可突于所杀[②]。这一事件说明，这一时期奚与契丹休戚与共，关系是十分密切的。

此后，库莫奚与契丹在对外关系上仍然保持着密切的合作。开元十八年（730），契丹首领邵固遣可突于入朝贡方物，唐朝的同平章事李元紘对可突于态度轻慢。唐左丞相张说预言“两蕃必叛”，不久，可突于杀邵固，“率部落胁奚众降于突厥”[③]。可见，对于奚与契丹的关系，唐朝官员也是非常明确的。天宝年间，契丹因内部斗争而衰落，曾一度附属于库莫奚，并随库莫奚一同遣使于唐[④]。

根据上述内容可知，库莫奚与契丹关系密切。据郑德英考证：“契丹”即“奚东”（库莫奚的东面）[⑤]。日本学者爱宕松男认为：契丹,开始称作奚丹，即类似库莫奚的人，居于奚人中的人[⑥]。虽然这两种说法尚待于考证，但也能说明二者的渊源关系。

755 年，安史之乱的爆发改变了奚与契丹的命运。奚人因被安史集团迫害和利用，主动或被动地参与了安史之乱，并在战乱中受到沉重的打击。安史之乱大大地削弱了库莫奚的实力，对库莫奚的发展造成了巨大的负面影响。而契丹受安史之乱的影响相对较小，在不断地发展壮大

---

① 前文已考证唐玄宗复置饶乐都督府的时间为开元四年（716）八月辛未。松漠都督府复置的时间为开元三年（715）。见《旧唐书》卷 199 下《契丹传》，第 5351 页。

② 《旧唐书》卷 199 下《奚传》，第 5355 页。《新唐书》卷 219《奚传》同载，第 6174 页。

③ 《旧唐书》卷 199 下《契丹传》，第 5352 页。

④ 据《辽史·世表一》记载：“过折，本契丹部长，为松漠府衙官，斩可突于及屈列归唐，幽州节度使张守珪立之，封北平郡王。是年，可突于余党泥礼弑过折，屠其家，一子剌乾走安东，拜左骁卫将军。自此，契丹中衰，大贺氏附庸于奚王，以通于唐，朝贡岁至。”《辽史》卷 63《世表一》，第 955 页。

⑤ 郑德英：《东胡系诸部族与蒙古族族源》，《中国蒙古史学会论文选集》，内蒙古人民出版社，1980 年。

⑥ 〔日〕爱宕松男著，邢复礼译：《契丹古代史研究》内蒙古人民出版社，1988 年，第 100—103 页。

中逐渐强盛起来。正是这一弱一强的差距彻底地改变了二者之间的关系，库莫奚最终被契丹征服。

（二）唐末至辽库莫奚与契丹的关系

库莫奚与契丹的关系源远流长，二者曾是实力相当的盟友，也是不分伯仲的敌对双方。又因奚活动于契丹的西南方向，比契丹更靠近中原，在地域上已经成为契丹向中原拓展活动空间的主要障碍。契丹要想南下或西进，必须解决与库莫奚的问题。于是，在契丹渐趋强盛，为了扩大势力对周边民族和地区进行征讨的过程中，库莫奚必然首当其冲地成为契丹征服的对象。

据《新唐书·奚传》称，自唐咸通九年（868）之后，“契丹方强，奚不敢抗，而举部役属”[①]。唐末，部分奚人也因不堪契丹的压力，西徙妫州（今北京市延庆区境）（图六）。随着契丹的不断扩张，在其建国之前就对库莫奚进行了多次征伐。耶律阿保机之父德祖曾“俘奚七千户，徙饶乐之清河”[②]。德祖之弟述澜也曾“北征于厥、室韦，南略易、定、奚、霫，始兴板筑，置城邑，教民种桑麻，习织组，已有广土众民之志”[③]。至耶律阿保机为挞马沙里时，伐“六奚”。唐天复元年（901），阿保机为本部夷离堇时，破奚帅辖剌哥，俘获甚众。唐天祐三年（906）二月，阿保机“袭山北奚，破之”。同年十一月，阿保机又“遣偏师讨奚、霫诸部及东北女直之未附者，悉破降之”[④]。

通过契丹对库莫奚相继发动的这一系列战争可知，契丹对奚的征服是不遗余力的。但这种征服也并不是一帆风顺的，被降服的奚人不断掀起反抗契丹的浪潮。如辽太祖四年（910）冬十月，乌马山奚库支及查剌底、锄勃德等部叛，契丹出兵讨平。面对奚人的反叛，阿保机于辽太祖五年（911），亲征西奚，并分兵征讨东奚，西奚、东奚尽归契丹所有[⑤]。

---

① 《新唐书》卷219《奚传》，第6175页。
② 《辽史》卷1《太祖纪上》，第2页。
③ 《辽史》卷2《太祖纪下》，第24页。
④ 《辽史》卷1《太祖纪上》，第1、2页。
⑤ 《辽史》卷1《太祖纪上》，第4页。

图六　古崖居

（北京市延庆北山，作者拍摄，部分研究者认为古崖居为西奚遗迹）

天赞二年（923）三月，奚人胡损于箭笴山（位于今河北省东北部）反叛，契丹讨平胡损，消灭其党羽，并设置库莫奚堕瑰部，以奚王勃鲁恩权总其事[①]。至此，契丹对库莫奚的管理上升到一个新的阶段，即任用奚本民族的首领来管理奚人内部事务。辽太宗天显十二年（937）正月，西奚被迁回辽本土。至此，库莫奚完全处于契丹的统辖范围之内。

不难发现，在耶律阿保机建立契丹国之前，契丹对库莫奚的征服主要采取军事打击的策略。但由于二者的关系，契丹对奚征服的阻力大大

① 据《辽史·太祖纪下》记载，天赞二年（923）三月戊寅，“军于箭笴山，讨叛奚胡损，获之，射以鬼箭。诛其党三百人，沉之狗河。置奚堕瑰部，以勃鲁恩权总其事”《辽史》卷2《太祖纪下》，第18页。《辽史·太宗纪上》也称，天赞二年，耶律德光“破箭笴山胡逊奚，诸部悉降”《辽史》卷3《太宗纪上》，第27页。《辽史》卷33《营卫志下》，第387页也有相同记载。对于“射鬼箭”，《辽史·国语解》的解释是：“射鬼箭，凡帝亲征，服介胄，祭诸先帝，出则取死囚一人，置所向之方，乱矢射之，名射鬼箭，以祓不祥。”《辽史》卷116《国语解》，第1535页。《辽史·礼志三》也称：“出师以死囚，还师以一谍者，植柱缚其上，于所向之方乱射之，矢集如蝟，谓之‘射鬼箭’。”《辽史》卷51《礼志三》，第845页。

减小。据《辽史·耶律曷鲁传》记载，在阿保机为迭剌部夷离堇，讨伐奚部之时，久攻不下，便派耶律曷鲁前去说服。耶律曷鲁对奚首领术里说："契丹与奚言语相通，实一国也。我夷离堇于奚岂有轉轹之心哉？汉人杀我祖奚首，夷离堇怨次骨，日夜思报汉人。顾力单弱，使我求援于奚，传矢以示信耳。夷离堇受命于天，抚下以德，故能有此众也。今奚杀我，违天背德，不祥莫大焉。且兵连祸结，当自此始，岂尔国之利乎！"[①]术里感其言，归降阿保机。

库莫奚彻底归服契丹之后，契丹"并奚王之众，抚其帐部，拟于国族"[②]，并世代与之联姻，即"奚有五王族，世与辽人为婚"[③]。加之奚人附姓于后族述律氏，地位进一步提高[④]。有辽一代，奚人的地位仅次于契丹贵族。《金史·奚王回离保传》亦称，库莫奚与契丹"俱强为邻国，合并为君臣，历八百余年，相为终始"[⑤]。

综上所述，库莫奚与契丹是如影随形的姊妹民族。在两族的历史发展过程中，曾有着相似的命运，他们或是战争，或是一致对外，始终保持着紧密的联系。契丹建国之后，奚人是契丹贵族统治的左膀右臂。有辽一代，有许多出色的奚人，如萧观音奴、和朔奴、萧蒲奴、萧乐音奴、萧韩家奴、萧敌烈、回离保等，他们在辽朝的政治中发挥了十分重要的作用[⑥]。直到辽朝末年，奚人也为契丹贵族统治的延续贡献了最后的力量。

---

① 《辽史》卷73《耶律曷鲁传》，第1220页。

② 《辽史·百官志一》称："辽太祖有帝王之度者三：代遥辇氏，尊九帐于御营之上，一也；灭渤海国，存其族帐，亚于遥辇，二也；并奚王之众，抚其帐部，拟于国族，三也。"《辽史》卷45《百官志一》，第711页。

③ 《金史》卷67《奚王回离保传》，第1587页。

④ 据《辽史·卓行传》记载："辽之共国任事，耶律、萧二族而已。"《辽史》卷106《卓行传》，第1467页。《契丹国·建官制度》也称：辽代"贱他姓，贵耶律、萧氏二姓。"《契丹国志》卷23《建官制度》，第224页。

⑤ 《金史》卷67《奚王回离保传》，第1588、1589页。

⑥ 见《辽史》卷85《萧观音奴传》，第1314页；《辽史》卷85《奚和朔奴传》，第1317、1318页；《辽史》卷87《萧蒲奴传》，第1335页；《辽史》卷88《萧敌烈传》，第1339页；《辽史》卷96《萧韩家奴传》，第1399、1340页；《辽史》卷96《萧乐音奴传》，第1401、1402页；《辽史》卷98《萧兀纳传》，第1413、1414页；《辽史》卷101《萧陶苏斡传》，第1433、1434页；《金史》卷67《奚王回离保传》，第1587、1589页。

二、库莫奚与突厥的关系

突厥最早见于《周书》，6 世纪兴起于今新疆东北部一带，至 8 世纪中叶衰落。库莫奚曾役属于突厥建立的强大政权，听从突厥的军事调遣，与突厥一道对隋唐边境进行侵扰，一度成为其重要威胁。

据《周书·库莫奚传》记载，库莫奚曾"役属于突厥"[①]，《通典·库莫奚》亦言："突厥兴而臣属之。"[②] 至于库莫奚被突厥征服的具体时间，未见史书记载。推测应该为木杆可汗时期（553—572），史载木杆本人"性刚暴，务于征伐"[③]。《周书·突厥传》称，木杆可汗"西破哌哒，东走契丹，北并契骨，威服塞外诸国。其地东自辽海以西，西至西海万里，南自沙漠以北，北至北海五六千里，皆属焉"[④]。《资治通鉴·梁纪二十二》将该条史料记在敬帝绍泰元年（555）[⑤]，即宋代史臣认为木杆可汗于 555 年最终征服了周边民族。据此可以断定，库莫奚首次被突厥征服应在 553—555 年。也就是说，自 6 世纪中叶始，库莫奚既处于突厥的役属之下，在此期间，奚虽也与北齐、西魏保持着联系，但总体受突厥的控制。

隋朝刚刚建立之初，政局不稳，给突厥以可乘之机。突厥统帅库莫奚等民族发动对隋边境的掠夺战争，给隋朝带来极大的困扰。开皇元年（581），突厥沙钵略可汗"约诸面部落谋共南侵"[⑥]。面对突厥的侵扰，隋修筑长城进行防御，也采取必要的军事回击，但均收效甚微。隋文帝采纳了长孙晟"远交而近攻，离强而合弱"[⑦] 的策略以瓦解突厥联盟。隋遣长孙晟收买奚首领，使其作为向导诱沙钵略弟弟处罗侯内附。通过这一

---

① 《周书》卷 49《库莫奚传》，第 899 页。

② 《通典》卷 200《边防十六·库莫奚》，第 5484 页。

③ 《周书》卷 50《突厥传》，第 909 页。《资治通鉴·梁纪二十一》称木杆"状貌奇异，性刚勇，多智略，善用兵，邻国畏之"《资治通鉴》卷 165《梁纪二十一》元帝承圣二年，第 5097 页。

④ 《周书》卷 50《突厥传》，第 909 页。

⑤ 《资治通鉴》卷 166《梁纪二十二》敬帝绍泰元年，第 5140 页。

⑥ 《隋书》卷 51《长孙晟传》，第 1330 页。

⑦ 《隋书》卷 51《长孙晟传》，第 1331 页。

计策，沙钵略与处罗侯产生矛盾，随着突厥内部的矛盾不断激化，突厥势力开始减弱。

隋朝对突厥的离间政策得以成功，库莫奚在其中起到重要作用。这是源于包括奚在内的突厥联盟内部存在着深刻的矛盾，如隋文帝下讨突厥诏所言：在突厥的统治下，“东夷诸国，尽挟私仇，西戎群长，皆有宿怨。突厥之北，契丹之徒，切齿磨牙，常伺其便……部落之下，尽异纯民，千种万类，仇敌怨偶，泣血拊心，衔悲积恨”[①]。可见，突厥在依靠武力征服周边诸民族之后，又对其进行残酷的镇压和统治。被征服的诸民族与突厥之间积怨很深，矛盾尖锐。所以，面对隋朝的利益诱惑，库莫奚转而助隋来削弱突厥的实力，并逐渐远离突厥。至开皇三年（583），库莫奚内附于隋，正式结束了与突厥的役属关系。同年，突厥分裂为东、西突厥，奚等民族的纷纷脱离，这也是突厥实力骤减和分裂的重要原因。开皇五年（585），沙钵略可汗率东突厥部众南迁，寄居白道川（位于今内蒙古自治区呼和浩特市西北），接受隋政府的管辖[②]。至此，库莫奚与东突厥均内附于隋朝。

仁寿年间，库莫奚归东突厥启民可汗直接管辖。大业三年（607），启民可汗曾率奚、契丹、室韦等民众迎接隋炀帝。由此可知，在库莫奚

---

① 《隋书》卷 84《突厥传》，第 1866、1867 页。金宝祥等人的《隋史新探》一书在论述隋朝对高丽决战的历史条件，曾引用了《隋书·突厥传》记载的隋文帝发布的这道诏书，并据此而阐述他们的观点：开皇初，隋文帝曾发布了一道很值得人们重视的诏书，其中曰：“东夷诸国，仅挟私仇，西戎群长，皆有宿怨。突厥之北，契丹之徒，切齿磨牙，常伺其便。”从文帝所谓“东夷”对隋的“私仇”，“西戎”对隋的“宿怨”，契丹、突厥等对隋的“切齿磨牙”与伺机进犯的情况分析，当时的高丽、契丹、突厥、吐谷浑等北方草原各族，从东至西已对隋形成了一个具有严重威胁的弧形包围（金宝祥、李清凌、侯丕勋等：《隋史新探》，兰州大学出版社，1989 年，第 109 页）。通过分析，可知隋文帝的诏书所言为诸民族对突厥的怨恨，从而发动对突厥的进攻，并不是说周边民族对隋朝的威胁。另外，该书将该段引文中的“契丹之徒”误写作“契丹之徙”，本文已做改正。

② 《隋书》卷 84《突厥传》，第 1869 页。《隋书·卫昭王爽传》亦称，卫昭王爽“亲率李充节等四将出朔州，遇沙钵略可汗于白道，接战，大破之，虏获千余人，驱马牛羊巨万。沙钵略可汗中重创而遁……六年……突厥遁逃而返”《隋书》卷 44《卫昭王爽传》，第 1224 页。

与东突厥均附于隋朝的情况下，奚受东突厥的直接管辖和调遣。正是因为奚长期被东突厥役属或管辖，其官职设置和风俗习惯也受到东突厥的影响，如《隋书·奚传》所言，奚分为五部，“每部俟斤一人为其帅。随逐水草，颇同突厥”[①]。

隋末唐初，中原局势混乱，东突厥势力大增。而此时的库莫奚，依旧处于部落联盟的社会状态，没有丰富的物质基础，亦没有出现建立自己政权的领袖，依旧处于东突厥的控制之下。颉利可汗时期，东突厥“以为突利可汗，牙直幽州之北，管奚、霫等数十部”[②]。库莫奚为突利可汗直接管辖，并听从颉利可汗的指挥，与之一同对唐用兵，成为东突厥侵犯唐朝的同盟军[③]。

需要注意的是，突利可汗在管辖奚、霫等数十部期间，“征税无度，诸部多怨之”[④]。这说明库莫奚受东突厥的压迫和剥削，二者之间的矛盾很大。贞观四年（630），东突厥政权灭亡。唐国力逐渐强盛，唐太宗又实施了一系列卓有成效的民族政策。库莫奚开始摆脱东突厥的控制，向唐朝靠拢。贞观十五年（641），薛延陀攻打东突厥，唐太宗“诏营州都督张俭统所部与奚、霫、契丹乘其东”[⑤]。可以说，这是库莫奚与东突厥关系彻底破裂的标志。至贞观二十二年（648）唐于奚境设置饶乐都督府，库莫奚与东突厥均归属于唐朝。

归属于唐朝后，库莫奚与东突厥在一段时期内没有直接的交往。但是，一旦唐政局不稳，疏于对边境的管辖，东突厥就会联合库莫奚发动对唐边境的侵扰。如调露年间（679—680），东突厥骚扰唐边境，并“诱扇奚、契丹侵掠州县，其后奚、羯胡又与桑乾突厥同反”[⑥]。682年，后东突厥

---

① 《隋书》卷84《奚传》，第1881页。

② 《通典》卷197《突厥传上》，第5412页。

③ 唐武德三年（620）十一月，突厥处罗可汗谋使“突利可汗与奚、霫、契丹、靺鞨入自幽州，会窦建德之师自滏口西入，会于晋、绛”，对新建的唐朝虎视眈眈。见《资治通鉴》卷188《唐纪四》高祖武德三年，第5895页。又武德七年（624）八月，颉利与突利两位可汗率奚等民族共同出兵，与唐军对垒幽州。见《资治通鉴》卷191《唐纪七》高祖武德七年，第5991页。

④ 《旧唐书》卷194上《突厥传上》，第5160页。

⑤ 《新唐书》卷217下《回鹘传下》，第6135页。

⑥ 《旧唐书》卷93《唐休璟传》，第2978页。

汗国建立，并积极扩张领土和活动地域，库莫奚又役属于后东突厥。据文献记载，自万岁通天元年（696），“奚众管属突厥”[①]。《旧唐书·突厥传上》也称，自神功元年（697）之后，奚与契丹均“常受其征役”[②]。在延和元年（712）的唐奚战争中，奚王李大酺将唐左羽林将军、检校幽州大都督孙佺及副将周以悌“送于突厥默啜，并遇害”[③]。可见，在东突厥强大，唐军事实力下降、疏于管辖的情况下，库莫奚便紧随东突厥之后，以求自保。

唐玄宗时期，唐朝出现了鼎盛局面，唐玄宗在奚境复置饶乐都督府，对库莫奚上层人物采取和亲、封赏、加官晋爵的政策，并保持与奚人的贸易往来。这在一定程度上改变了库莫奚依附后东突厥的关系，奚逐渐依附唐朝，而疏远后东突厥。奚曾随唐出兵后东突厥，并捕捉后东突厥可汗默棘连[④]。在默棘连被捕之后的一段时间内，库莫奚与后东突厥都朝献于唐，均与唐维持较和平的局面，如开元十三年（725），唐玄宗大行礼仪，戎狄夷蛮羌胡朝献之国，如后东突厥颉利发，契丹、奚等王，都参与其中[⑤]。

后东突厥登利可汗即位后，对库莫奚发动两次军事进攻。第一次发生于开元二十三年（735），在奚、契丹与唐的共同反击下，后东突厥未能得逞。第二次发生于开元二十四年（736），在后东突厥的打击下，库莫奚损失惨重，又一次役属于后东突厥。至登利可汗后期，后东突厥逐渐衰落，失去了对奚的控制。745年，后东突厥汗国亡于回纥，库莫奚彻底摆脱了后东突厥的役属。

综上可知，库莫奚受突厥的役属是建立在其势力雄厚、军事强大的基础之上的。这种武力征服必然存在矛盾，且突厥把奚人当作奴隶来对待，如毗伽可汗默棘连曾对唐袁振说：“奚、契丹，我奴而役也。”[⑥]所以，一旦突厥衰弱，库莫奚便趁机与隋唐政权取得联系，试图摆脱突厥的控制。库莫奚的这种外交策略，源于其自身实力弱小，亦是其在两个强大政权之间求得自保的必然选择。

---

① 《旧唐书》卷199下《奚传》，第5354页。
② 《旧唐书》卷194上《突厥传上》，第5172页。
③ 《旧唐书》卷199下《奚传》，第5355页。
④ 《新唐书》卷215下《突厥传下》，第6052页。
⑤ 《旧唐书》卷23《礼仪三》，第900页。
⑥ 《新唐书》卷215下《突厥传下》，第6053页。

同时，在库莫奚与突厥关系的发展变化中，中原政权成为影响二者关系的重要因素。隋唐政权均不失适宜地对库莫奚采取利益诱惑或友好政策以拉近二者的关系，从而削弱和瓦解突厥军事联盟。总的来说，库莫奚曾在相当长的一段时期内役属于突厥，但在隋唐政策的影响之下，库莫奚在突厥与隋唐二者之间视情势依附不定。后东突厥汗国灭亡，被强盛起来的回纥取而代之，大漠南北进入回纥汗国时代，库莫奚又与回纥建立了关系。

三、库莫奚与回鹘的关系

回纥，突厥的分支，中国古代北方及西北民族。唐德宗贞元四年（788），回纥改称回鹘[①]。唐天宝三年（744），回纥首领骨力裴罗自立为骨咄禄毗伽阙可汗，建立回纥汗国。库莫奚曾役属于回纥汗国。

回纥汗国建立之后，国力日趋强盛，其疆域“东极室韦，西金山，南控大漠，尽得古匈奴地”[②]。据《史记·匈奴列传》记载，匈奴疆域最广之时为西汉初年的冒顿单于时期，是时，匈奴“西击走月氏，南并楼烦、白羊河南王。悉复收秦所使蒙恬所夺匈奴地者，与汉关故河南塞，至朝那、肤施，遂侵燕、代”[③]。燕，即今河北、辽宁一带，属于奚人的居住地域。但侵燕，即侵扰，而不是征服。由这两条史料可以推测，建立之初的回纥汗国，虽然势力到达了有奚人活动的燕地区，但也只是侵扰，而不是占领和控制。所以，在回纥汗国建立之初，并没有控制库莫奚，或者没有完全控制，只是接近奚境或者对库莫奚有所侵扰[④]。

---

① 关于回纥改作回鹘的时间，各文献记载不一，《旧唐书·回纥传》记为元和四年（809）；《新唐书·回鹘传》为贞元五年（789）之前；《唐会要·回纥》为贞元五年；《资治通鉴》卷233为贞元四年（788）。此从《资治通鉴》卷233所载。见《资治通鉴》卷233《唐纪四十九》德宗贞元四年，第7515页。

② 《新唐书》卷217上《回鹘传上》，第6115页。

③ 《史记》卷110《匈奴列传》，第2890页。

④ 日本学者松井等认为，在回纥建国之初的745年，就“代突厥而胁制奚和契丹”。见：〔日〕松井：《契丹勃兴史》，刘凤翥汉译本，《民族史译文集》（第十期），1981年。孟广耀认为：库莫奚羁属于回纥的时间，不可能早于安史之乱，并对松井的观点进行了辩驳。见孟广耀：《回纥羁属下的奚族——兼释唐朝与奚族的关系》，《北方文物》1983年第3期。

安史之乱以前，库莫奚与回纥均与唐保持相对和平往来关系。关于他们之间的关系，仅见《新唐书·朱滔传》记载："初，回纥以女妻奚王，大历末，奚乱，杀王，女逃归。"[①]大历末年当779年左右，距安史之乱起已经有二十余年，此联姻也可能是发生在安史之乱期间或者以后。

库莫奚与回纥正式发生关系是在安史之乱期间。安史之乱期间，安史集团中有大量奚人，他们被安史集团利诱或胁迫，付出了惨重的代价。而此时，与唐保持友好关系的回纥站在唐的立场讨伐安史叛军。在此期间，库莫奚与回纥就不可避免地产生了冲突。回纥曾给叛军重创，也给奚人留下了深刻的印象，据《新唐书·安禄山传》称，奚人"素畏回纥"[②]。安史之乱以叛军的失败而告终，奚人死伤惨重，人口、社会、经济等诸方面均受到严重影响，势力锐减。唐朝经过几年的战争，也衰弱了许多，在边疆的势力范围收缩，对库莫奚的控制力度大大下降。而回纥成了安史之乱中最大的赢家，因助唐平息叛乱，从唐获得了大量的财物和牲畜，实力进一步增大。

所以，安史之乱后，在唐朝趋向衰落，回鹘走向强大情况下，处于唐羁縻之下的库莫奚转而为回鹘所役属。回鹘在奚境设有监护使，专门负责管理奚的相关事务，这些监护使均由回鹘酋长充任。据《旧唐书·张仲武传》称："先是，奚、契丹皆有回鹘监护使，督以岁贡，且为汉谍。"[③]《资治通鉴·唐纪六十二》也称："初，奚、契丹羁属回鹘，各有监使，岁督其贡赋，且诇唐事。"[④]至于回鹘监护使的职责，一是督促奚人按规定向回鹘缴纳贡税；二是迫使奚人听从回鹘的指挥，为回鹘搜集唐朝的情报。这说明，在库莫奚役属于回鹘期间，对回鹘既有经济义务，也有政治义务。同时，库莫奚与回鹘站在同一立场与唐朝为敌。在回鹘的支持和鼓动下，库莫奚曾多次骚扰唐朝边境，如贞元四年（788）秋七月己未，"奚、室韦寇振武军"[⑤]又元和五年（810）元月，奚、回鹘、室

① 《新唐书》卷212《朱滔传》，第5972页。

② 《新唐书》卷225上《安禄山传》，第6421页。

③ 《旧唐书》卷180《张仲武传》，第4678页。

④ 《资治通鉴》卷246《唐纪六十二》武宗会昌二年，第7967页。

⑤ 《旧唐书》卷13《德宗纪下》，第365页。

韦再次“寇振武”[①]。

至唐文宗开成年间（836—840），回鹘“会岁疫，大雪，羊马多死”，开始衰落[②]。开成五年（840），黠戛斯趁机进攻回鹘，回鹘汗国溃亡。但是，库莫奚与回鹘的关系并未因此而中断。在回鹘诸部溃散之际，以乌介可汗为首的一支南徙阴山中段，经常骚扰云朔和振武。同时，库莫奚在东北边疆也活跃起来，两族的共同侵扰，给唐朝造成了极大的困扰。对此，唐武宗采取了拉拢奚和契丹的措施，由幽州卢龙节度使副大使张仲武遣裨将石公绪等厚结奚和契丹，“执谍者八百余人杀之”[③]。

在唐廷的强力进攻下，武宗会昌三年（843）回鹘大败。乌介可汗死，遏捻可汗率残部五千余人寄于库莫奚，控制了奚王硕舍朗，并从奚人处取得给养[④]。在遏捻可汗的支持和唆使下，北部诸山奚叛唐。唐宣宗大中元年（847），张仲武率大军讨伐库莫奚[⑤]。该战对奚造成了巨大的损失，也彻底中断了库莫奚对回鹘的供应和二者的关系。

综上所述，库莫奚自安史之乱后，被羁属至847年，受回鹘的控制长达80余年之久。在此期间，回鹘在奚境设有监护使，奚人向回鹘缴纳赋税，向回鹘提供唐的情报，对回鹘提供物资支援，也曾与回鹘一起对唐造成威胁。但在库莫奚羁属于回鹘期间，奚唐关系并未中断，库莫奚依然保持对唐的朝贡关系，唐也照例给予其封赐。

纵观库莫奚与周边诸民族的关系，也是战和交织的变化趋势。和平时期，库莫奚与这些民族保持程度不同的往来，主要表现在协同一致地对付中原政权上。但较之和平，战争关系更多，因为这些民族有着相近的活动地域，相似的生产、生活方式和风俗、文化。为了生存和发展，他们经常相互争夺生存空间和发展资源，以满足本民族的利益。诚然，

---

① 《旧唐书》卷14《宪宗纪上》，第431页。

② 《资治通鉴》卷246《唐纪六十二》文宗开成四年，第7942页。

③ 《新唐书》卷212《张仲武传》，第5980页。

④ 据《旧唐书·回纥传》记载，回鹘被唐朝大败后，遏捻可汗及其所率之众，“食用粮羊皆取给于奚王硕舍朗”《旧唐书》卷195《回纥传》，第5215页。

⑤ 《新唐书》卷219《奚传》，第6175页；《新唐书》卷212《张仲武传》，第5981页。同见于《为荥阳公贺幽州破奚寇表》和《为荥阳公贺幽州破奚寇上中书状》，第1346、1359页。

决定库莫奚与这些民族之间关系的根本原因还是各自的实力。在库莫奚强大的时候，即与相邻的民族进行争夺；在其弱小的时候，也不得不被强大的突厥、回鹘所役属，受其奴役，听其调遣。至契丹强盛之后，库莫奚又被契丹征服。

在库莫奚与周边民族的关系中，处于第三方的中原政权是影响二者关系变化的重要因素。在中原政权强盛，对库莫奚采取友好的民族政策之时，奚会不失时机地向中原政权靠拢；当中原政权衰落，无暇北顾之时，奚则依附另一个强大起来的民族，以求得自保。库莫奚与周边民族的关系，是在各民族以自身实力作为基础，加之中原政权影响的复杂局势下形成的，是各民族统治者为了最大限度地满足自身生存和发展需要，做出的符合本民族利益的抉择。

第六章　库莫奚的文化习俗

文化习俗是一个民族在漫长的历史变迁中形成的，是一个民族区别于其他民族的重要标志。在近千年的历史进程中，奚人形成了丰富多彩且独具特色的文化习俗。相关的文献记载虽较为零散，但通过对现有史料的梳理，仍能够对库莫奚的姓氏、语言、婚丧习俗等方面有所认识。

第一节　姓　　氏

奚人的姓氏是研究者较为关注的问题。蔡美彪认为，从辽圣宗时起，奚人以萧为姓，奚六部大王以及入仕辽朝的奚官员均得以萧为姓[①]。陈永志认为，库莫奚即为辽代的后族——萧族[②]。

辽代契丹人有两大姓氏，即耶律与萧。耶律为契丹王族之姓，萧是后族的姓氏。关于辽代萧姓的由来，《辽史·后妃传》序言称："太祖慕

---

① 蔡美彪指出：《辽史》卷八五见萧观音奴，为"奚王塔纥之孙"，圣宗统和十二年为奚六部大王。同书卷八七见萧蒲奴，"奚王楚不宁之后"，圣宗开泰时为奚六部大王。卷九六，见萧韩家奴，"奚长渤鲁恩之后"，圣宗太平时为奚六部大王。同书同卷又见萧乐音奴，为"奚六部敞稳突吕不六世孙"，道宗时曾为护卫，参与平重元之乱，后为五蕃部节度使。子萧阳阿，《辽史》卷八二有传，天祚帝乾统元年为易州刺史，终于南京留守。以上事例说明：奚六部大王以及入仕辽朝的奚官员均得以萧为姓。值得注意的是，他们都是处在圣宗及其后的时期，而其先世父祖则未著萧姓。可以推知，奚以萧为姓，也当在圣宗时。见蔡美彪：《试说辽耶律氏萧氏之由来》，《历史研究》1993年第5期。

② 陈永志通过奚与萧两族，同祖同源，居地相同，与契丹族政治关系惊人的一致，说明二者同源同流，属于同一民族，即库莫奚就是辽代的后族——萧族。见陈永志：《契丹史若干问题研究》，文物出版社，2011年，第44页。

汉高皇帝，故耶律兼称刘氏；以乙室、拔里比萧相国，遂为萧氏。”[①]《辽史·外戚表》序则云：“契丹外戚，其先曰二审密氏：曰拔里，曰乙室已。至辽太祖，娶述律氏。述律，本回鹘糯思之后。大同元年，太宗自汴将还，留外戚小汉为汴州节度使，赐姓名曰萧翰。”[②]从以上记载中不难看出，萧姓的出现，是在辽国建立之后。至于奚人姓萧，据《金史·奚王回离保传》记载，奚“有五王族，世与辽人为婚，因附姓述律氏中”[③]。以萧为姓的奚人，在《辽史》《金史》及奚人的碑刻中多有记载[④]。关于奚人何时以萧为姓，蔡美彪依据相关史料，认为当始自圣宗时期。另外，辽初由被俘奚户创置的部族，其成员有附姓耶律氏的现象，如《辽史·耶律斡腊》称：“耶律斡腊……奚迭剌部人。”[⑤]

由此可知，辽代奚人的姓氏有萧和耶律两种，萧姓为主。元代，奚人以石抹为姓[⑥]。更多关于奚人姓氏的问题，由于文献缺载，难于知晓。

---

① 《辽史》卷71《后妃传》，第1198页。日本学者爱宕松男则认为，契丹人的刘、萧两汉姓与刘邦、萧何无关，而是由原始的姓氏耶律和审密的谐音而来。并推断“耶律和审密的本意是出自古代契丹人的图腾马和牛”。见〔日〕爱宕松男著，邢复礼译：《契丹古代史研究》，第19页。

② 《辽史》卷67《外戚表》，第1027页。

③ 《金史》卷67《奚王回离保传》，第1587页。

④ 《辽史》卷85《萧观音奴传》，第1314页；《辽史》卷85《奚和朔奴传》，第1317、1318页；《辽史》卷87《萧蒲奴传》，第1335页；《辽史》卷88《萧敌烈传》，第1339页；《辽史》卷96《萧韩家奴传》，第1399、1340页；《辽史》卷96《萧乐音奴传》，第1401、1402页；《辽史》卷98《萧兀纳传》，第1413、1414页；《辽史》卷101《萧陶苏斡传》，第1433、1434页；《金史》卷67《奚王回离保传》，第1587—1589页；《金史》卷81《萧王家奴传》，第1827、1828页；《金史》卷82《萧恭传》，第1838、1839页；《金史》卷91《萧怀忠传》，第2022、2023页；《金史》卷129《萧肄传》，第2779、2780页；《金史》卷129《萧裕传》，第2790—2793页；《萧福延墓志》《耶律氏墓志》《萧资茂墓志》。

⑤ 《辽史》卷94《耶律斡腊传》，第1382页。

⑥ 元代石抹也先是奚人，见《元史》卷150《石抹也先传》，第3541、3542页。《元史》卷152《石抹阿辛传》中的石抹阿辛即石抹也先，第3603页。蔡美彪称：辽朝亡后，金元史籍所见契丹萧氏后人，多译写为“石抹”。石抹为审密之异译，自无疑问。由此可见，孙—审密—萧—石抹只是不同历史时期采取的不同的汉译，契丹语中仍是一词，并无改变。见蔡美彪：《试说辽耶律氏萧氏之由来》，《历史研究》1993年第5期。

第二节 语　　言

关于库莫奚的语言，文献记载较少。据《辽史·耶律曷鲁传》称："契丹与奚言语相通。"[①]《辽史·国语解》也称："辽之初兴，与奚、室韦密迩，土俗言语大概近俚。"[②]《魏书·失韦传》《北史·室韦传》在谈到室韦语言时，也指出，室韦"语与库莫奚、契丹、豆莫娄国同"[③]。可见，库莫奚与属于鲜卑系统的契丹、室韦的语言相通。

中外较多学者的论证表明，东胡鲜卑语当属于蒙古语族，与匈奴不属于同一语族[④]。学者们在对契丹小字进行研究之后，也证实了源于鲜卑语的契丹语与现在的蒙古语有相似之处[⑤]。亦邻真从《宋史·吐谷浑传》中保存的两条东部鲜卑语资料"处可寒"和"阿干"进行分析，从"阿干"（兄）与蒙古语"阿合"（兄）的比较推测出东部鲜卑语同蒙古语有同源关系，而前者具有更为古老的形态[⑥]。从而得知，库莫奚的语言与鲜卑、契丹、室韦的语言相近，属于东胡鲜卑语言系统。

第三节 婚　　俗

婚姻习俗属于文化习俗的重要组成部分。综合分析相关史料，可知库莫奚的婚姻习俗主要包括库莫奚与其他民族之间的通婚、一夫多妻、在婚姻形成的过程中男方要向女方赠送聘礼以及续婚等方面。

---

① 《辽史》卷73《耶律曷鲁传》，第1220页。

② 《辽史》卷116《国语解》，第1533页。

③ 《魏书》卷100《失韦传》，第2221页；《北史》卷94《室韦传》，第3129页。

④ 见内蒙古自治区蒙古语文历史研究所历史研究室、内蒙古大学蒙古史研究室编：《中国古代北方各族简史》，内蒙古人民出版社，1977年，第37页；马长寿：《北狄与匈奴》，第50页；马长寿：《乌桓与鲜卑》，第176页；何星亮：《匈奴语试释》，《中央民族学院学报》1982年第1期。

⑤ 清格尔泰、刘凤翥等：《关于契丹小字研究》，《内蒙古大学学报》（哲学社会科学版）1977年第4期。

⑥ 亦邻真：《中国北方民族与蒙古族族源》，《内蒙古大学学报》（哲学社会科学版）1979年第Z2期。

一、多民族之间的通婚

一个民族在其发展壮大的过程中，必然与其他政权或民族产生联系，在政治、经济、文化等多方面有不同程度的往来。为了各自的利益而增进双方关系，联姻成为一种重要的交往方式和政治手段。库莫奚上层贵族很早就与唐朝统治者建立了联姻关系，并与周边的其他民族通婚。

库莫奚与唐朝联姻始于开元五年（717）。据文献记载，717 年三月丁巳，唐玄宗“以辛景初女封为固安县主，妻于奚首领饶乐郡王大酺”①。开元十年（722），奚王李大酺死，其弟李鲁苏入朝，袭其兄职位，“仍以固安公主为妻”，但因固安公主“与嫡母未和，递相论告”，玄宗诏令其离婚，“复以成安公主之女韦氏为东光公主”妻鲁苏②。又天宝四年（745）三月，玄宗“以宗室出女杨氏为宜芳公主”适库莫奚首领怀信王、饶乐都督李延宠③。唐玄宗曾先后三次封宗室女为公主嫁于库莫奚首领。不可否认，奚唐之间的联姻是唐朝利用和亲保持与库莫奚的关系，从而更有效地控制奚人的一种策略。但这一系列联姻也使得唐人的血液渗入奚贵族之中，在增进二者关系的同时，也不可避免地促进了多民族之间的融合。

在奚唐联姻的这一大背景下，也有不少在唐朝为官的奚人与汉人或其他民族进行联姻的，如奚人史宪诚与汉人李全略为婚家④，奚人李宝臣与汉人薛嵩、田承嗣、梁崇义、高丽人李正已联姻⑤，奚人张孝忠子张茂和聘汉人朱滔之女⑥。此外，库莫奚首领与回纥也有联姻关系，《新唐书·朱滔传》有“回纥以女妻奚王”⑦的记载。

至唐朝末年，库莫奚诸部落逐渐被契丹征服。契丹统治者为取得奚贵族阶层的支持和辅佐，与之通婚。据《金史·奚王回离保传》记载，

---

① 《旧唐书》卷 8《玄宗纪》，第 177 页。

② 《旧唐书》卷 199 下《奚传》，第 5355 页。

③ 《新唐书》卷 219《奚传》，第 6175 页。

④ 《旧唐书》卷 181《史宪诚传》，第 4686 页。

⑤ 《旧唐书》卷 142《李宝臣传》，第 3865—3870 页。

⑥ 《旧唐书》卷 141《张孝忠传》，第 3856 页。

⑦ 《新唐书》卷 212《朱滔传》，第 5972 页。

奚"有五王族，世与辽人为婚"[①]。奚与契丹的联姻包括三个方面。

其一，奚女子嫁于契丹男子。在目前所见最早的奚人碑刻《大王记结亲事碑》中有记载，即奚王家族安祖哥女与"契丹素舍利"[②]通婚一事[③]。《耶律霞兹墓志》载："公夫人萧氏，奚国王越宁长妹也。"[④]《北大王墓志》记述了北大王万辛在妻子去世之后娶"奚王、西南面都招讨大王、何你乙林免之女中哥"[⑤]。《耶律氏墓志铭》也记载耶律氏的母亲为库莫奚"兰陵郡夫人萧氏"[⑥]。

其二，奚男子娶契丹女子。这一现象在现存碑铭中，所见最多。《耶律隆祐墓志》载，耶律隆祐之女"适奚王府相之息也"[⑦]。《耶律遂正墓志》载耶律遂正之长女"适奚太师为夫人"[⑧]。《萧闛妻耶律骨欲迷已墓志》载，耶律骨欲迷已有妹二人，"仲适西安北路招讨使、前奚王男萧相公"[⑨]。《萧

---

① 《金史》卷67《奚王回离保传》，第1587页。

② 舍利，《辽史·国语解》称："契丹豪民要裹头巾者，纳牛驼十头，马百匹，乃给官名曰舍利。后遂为诸帐官，以郎君系之。"《辽史》卷116《国语解》，第1536、1544页。

③ 向南、张国庆、李宇峰辑注：《辽代石刻文续编》，辽宁人民出版社，2010年，第1、2页。

④ 《耶律霞兹墓志》刻于太平元年（1021），1991年出土于辽宁省建平县青松岭乡丰山村长力哈达屯西北菊花山西侧山洼中，现存建平县文物管理所。详见向南、张国庆、李宇峰辑注：《辽代石刻文续编》，第60页。

⑤ 《北大王墓志》刻于重熙十年（1041）。1975年出土于内蒙古赤峰市阿鲁科尔沁旗昆都乡乌苏伊肯村西山上。详见向南：《辽代石刻文编》，第223页。

⑥ 梅宁华主编：《北京辽金史迹图志》下册，北京燕山出版社，2004年，第182页。

⑦ 《耶律隆祐墓志》刻于统和二十九年（1011），出土于内蒙古赤峰市巴林左旗韩匡嗣家族墓地，现存巴林左旗辽上京博物馆。详见向南、张国庆、李宇峰辑注：《辽代石刻文续编》，第51、52页。

⑧ 《耶律遂正墓志》刻于太平七年（1027），2000年左右出土于内蒙古赤峰市巴林左旗白音勿拉苏木白音罕山阳坡的台地上。详见向南、张国庆、李宇峰辑注：《辽代石刻文续编》，第68、69页。

⑨ 《萧闛妻耶律骨欲迷已墓志》刻于咸雍五年（1069），1993年出土于内蒙古赤峰市宁城县埋王沟，现存内蒙古文物考古研究所。详见向南、张国庆、李宇峰辑注：《辽代石刻文续编》，第126、127页。同见于《耶律庆嗣墓志》：耶律庆嗣次妹迪辇夫人"适故尚父奚王萧善男、右祗侯郎君详稳忠信。"耶律骨欲迷已是耶律庆嗣的长妹。

福延墓志》记奚人萧福延的母亲是契丹人“耶律氏，□襄城郡主”；萧福延的妻子“出华茂之族，挺雍和之□”，为漆水耶律氏皇族[①]。《萧孝恭墓志》载，萧孝恭的姊妹都哥“适故奚王监军太尉耶律讳桂”，耶律讳桂为“大圣皇帝亲第（弟）大内相之孙也”[②]。《耶律庆嗣墓志》载，耶律庆嗣次妹迪辇夫人“适故尚父奚王萧善男、右祗侯郎君详稳忠信”[③]。《耶律智先墓志》载：“公姊妹五人，长曰□□□□□□□□□□□□□□□□适奚王帐定光奴郎君。”[④]《耶律祺墓志》载：“次曰撒八，适奚王府……”[⑤]《耶律副部署墓志铭》的第24行的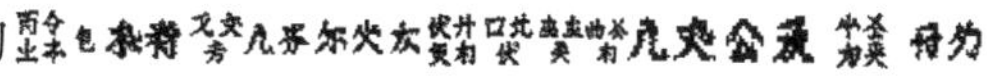语意分别为“女眷”“三个”“大妻”“善”“哥”“娘子”“六”“部之”“奚”“可汗之”“族系的”“高”“奴”“林牙之”“女”。是说《耶律副部署墓志铭》主人有女眷三个，大妻或者说嫡妻是善哥娘子，娘子是六部奚可汗的高奴林牙之女。“善哥”是《耶律副部署墓志铭》主人大妻子的名字。“高奴”是《耶律副部署墓志铭》主人岳父的名字。库莫奚即契丹小字[⑥]。除此之外，见于文献记载的还有契丹舍利逐不鲁的姐姐嫁西奚首领扫剌（李绍威）[⑦]、辽圣宗之女下嫁奚人萧高九[⑧]。

其三，奚与契丹的两个家族互为婚姻。如《耶律庶几墓志》载耶律庶几的父亲惯宁相公“求得神得奚王女蒲里不夫人，生得大儿查阿

---

① 向南、张国庆、李宇峰缉注：《辽代石刻文续编》，第131、132页。

② 《萧孝恭墓志》刻于大康七年（1081），出土于内蒙古赤峰市翁牛特旗朝格温都苏木色英图嘎查山谷中，现存翁牛特旗博物馆。详见向南、张国庆、李宇峰缉注：《辽代石刻文续编》，第169页。

③ 《耶律庆嗣墓志》刻于大安十年（1094），1983年出土于辽宁省北票县莲花山。详见向南：《辽代石刻文编》，第456—458页。

④ 《耶律智先墓志》刻于大安十年（1094），1998年出土于辽宁省北票县小塔子乡莲花山村，现藏北票县文物管理所。详见向南、张国庆、李宇峰缉注：《辽代石刻文续编》，第222、223页。

⑤ 《耶律祺墓志》刻于天祚年间（1101—1125），1996年出土于内蒙古阿鲁科尔沁旗罕苏木朝克图山的耶律祺家族墓地二号墓。详见向南、张国庆、李宇峰缉注：《辽代石刻文续编》，第314页。

⑥ 盖之庸、齐晓光、刘凤翥：《契丹小字〈耶律副部署墓志铭〉考释》，《内蒙古文物考古》2008年第1期。

⑦ 《新五代史》卷74《奚传》，第909页。

⑧ 《辽史》卷65《公主表》，第1006页。

钵”“蒲里不夫人故，□求得挞里麽奚王儿查鲁太保女，名骨欲夫人……第二个女名□□夫人，聘与孙里古奚王褋什褋奴相□为妇”[①]。

有辽一代，契丹贵族为了巩固与库莫奚的关系，在世与奚人为婚的政策下，奚契两族通婚频繁。诚如恩格斯所言：“对于王公本身，结婚是一种政治的行为，是一种借新的联姻来扩大自己势力的机会，起决定作用的是家世的利益，而绝不是个人的意愿。”[②]

除了与契丹贵族通婚，库莫奚世家大族可以娶他族女子。据《萧孝忠墓志》记载，曾任男乹宁军大师、静江军节度使的萧孝忠，他的第五位妻子即汉族“小娘子苏哥”，她为萧孝忠生有一女，名石婆[③]。对于大多数奚人而言，应该是族内婚。随着辽代多民族杂居的现状和民族大融合的趋势，库莫奚的婚姻制度有所改变。据余靖《契丹官仪》记载，契丹、渤海、奚、汉“四姓杂居，旧不通婚，谋臣韩绍芳献议，乃许婚焉”[④]。自此，奚人族内婚的形式应该逐渐被打破。但是，宋使苏辙于宋元祐四年（1089）使辽，路过奚境时称：“燕俗嗟犹在，婚姻未许连。”[⑤]可见，在奚境的普通民众中，族内婚还是比较盛行的。

因此，库莫奚上层人物或贵族早在唐代就与唐朝的皇族、汉人和高丽人的世家大族以及回纥人存在联姻关系。辽代，奚与契丹两族成为两个固定的联姻集团，通婚频繁。对于奚的普通民众而言，应该多为传统的族内婚。

二、一夫多妻

一夫多妻，即一个男子同时娶几个女子为妻的婚姻形式。一夫多妻的婚姻形式有其深厚的历史渊源。自人类进入阶级社会以来，财产私有

---

① 《耶律庶几墓志》刻于清宁五年（1059），出土于辽宁省义县北 40 千米高台子乡水泉沟村西马鞍山东坡上。详见向南：《辽代石刻文编》，第 294、295 页。

② 〔德〕恩格斯：《马克思恩格斯选集》（第四卷），第 74 页。

③ 向南：《辽代石刻文编》，第 416 页，并参见陈述辑校：《全辽文》，中华书局，1982 年，第 232、233 页。

④ （北宋）余靖撰，曾枣庄、刘琳等点校：《全宋文》卷 572《契丹官仪》，上海辞书出版社，2006 年，第 106 页。

⑤ 《栾城集》，第 397 页。

制产生，为了财产的聚集，普遍实行的是一夫一妻制。而贵族阶层因势力庞大、家业殷实则公开实行一夫多妻制。在古代社会一夫多妻的婚姻形式普遍存在，在匈奴、突厥、蒙古等北方民族中也均有反映。同样，一夫多妻在辽代社会的贵族中普遍存在。宋使路振《乘轺录》记载，耶律隆绪之弟耶律隆庆，“其调度之物，悉侈于隆绪。尝岁笈民子女，躬自拣择，其尤者为王妃，次者为妾媵”[①]。辽代的官吏及富家大族皆“有小妇、侍婢”[②]。库莫奚的世家大族也不例外。见于《萧孝忠墓志》的记载，萧孝忠就有包括库莫奚、契丹、汉族的五位妻子。

当然，一夫多妻的婚姻生活要求男人有大量的财力和物力作保证。正如约翰·普兰诺·加宾尼所言：“每一个男人，能供养多少妻子，就可以娶多少妻子，一个人有一百个妻子，另有人有五十个，还有人有十个—— 一个人多些，另一个少些。”[③] 多桑《多桑蒙古史》也称：“其人妻妾之数，任其娶取。能赡养若干人，即娶若干人。”[④] 对此，恩格斯有过精辟的论断：“事实上，一夫多妻制，显然是奴隶制度的产物，只有占据特殊地位的人物才能办到。在闪米特人的家长制家庭中，只有家长本人，至多还有他的几个儿子，过着多妻制的生活，其余的人都以一人一妻为满足，现在整个东方还是如此；多妻制是富人和显贵人物的特权，多妻主要是用购买女奴隶的方法取得的；人民大众都是过着一夫一妻制的生活。”[⑤] 所以，一夫多妻的婚姻形式只存在于库莫奚贵族或是财力雄厚的家族，对于奚的下层社会，应该是以一夫一妻的婚姻形式为主。

三、聘礼

在奚人的婚姻嫁娶中，男家要付给女家大量的羊、马、牛、衣服、绢帛、彩绫、金银等物品作为聘礼。这在奚《大王记结亲事碑》中有详细的记述。该碑记述了奚王家族在历次聘女的过程中，均得到男方家的

① 贾敬颜：《五代宋金元人边疆行记十三种疏证稿》，第 44 页。

② （南宋）洪皓：《松漠纪闻》，中华书局，1985 年，第 5 页。

③ 〔意大利〕约翰·普兰诺·加宾尼：《蒙古史》，《出使蒙古记》，中国社会科学出版社，1983 年，第 8 页。

④ 〔瑞典〕多桑著，冯承钧译：《多桑蒙古史》，上海书店出版社，2003 年，第 31 页。

⑤ 〔德〕恩格斯：《马克思恩格斯选集》（第四卷），第 73 页。

聘礼。如稱免下聘女，得羊马牛数头；聘安祖哥女与契丹素舍利，得诸物；聘女掘劣，得羊牛马头数匹；聘免女挠回折与袍都夷离已[①]，得羊六百口、牛马六十头匹；聘啮遐者女与如乎礼太糯羊，得羊五百、牛马五十头匹，合与伊硬软物，衣服绫彩并还足，一无欠少。同样，在奚王家族求妇的过程中，也要送一定的财物给女方作为聘礼。如求妇于阿束忽处，下聘礼羊五百口，牛马五十头匹；□□□□□□于袍古舍利处，下聘礼羊三百口、牛马卅头匹，欠金腰带一，较具二，衣服一十件；□□□□□□于□□舍利处，下聘礼却羊三百口，牛马卅头匹[②]。通过这些记载可知，在库莫奚的婚姻习俗中，一桩婚姻的形成所涉及的聘礼少则羊、马、牛数头，多则羊、马、牛数百头，还有衣服绫彩、金腰带等金银细软。

男方送给女方聘礼的婚俗，在乌桓、高车、勿吉、女真、蒙古等北方民族中多有体现，其聘礼多是羊、牛、马等畜牧业产品。13世纪出使蒙古的西方传教士鲁不鲁乞曾把这种聘礼形式称为婚姻中的买卖："至于他们的婚姻，您必须知道，在那里，一个人如果不购买妻子，他就不能有妻子。因此，有的时候，姑娘们早已过了结婚年龄，可是还没有出嫁，因为她们的父母总是把他们留在家里，直至把她们卖了。"[③]

聘礼的产生有其深刻的历史根源。男方给女方聘礼的主要原因应是男方以财物的方式对女方家丧失一个成年女子劳动力的一种补偿。这是人类社会发展到特定阶段的必然产物。当然，这种以大量财物作为聘礼的婚俗应只存在于上层社会中，普通民众可能只是以少量的牲畜或物品作为聘礼。

四、续婚

在库莫奚的婚姻中，存在续婚的习俗。续婚，也被称作续亲[④]、连带

---

① 夷离已即夷离堇，《辽史·国语解》称其为"统军马大官。会同初，改为大王。"《辽史》卷116《国语解》，第1534页。

② 向南、张国庆、李宇峰辑注：《辽代石刻文续编》，第1、2页。

③〔法〕鲁不鲁乞：《鲁不鲁乞东游记》，《出使蒙古记》，第121页。

④ 陈鹏：《中国婚姻史稿》，中华书局，1990年，第173页。

婚[①]。续婚主要包括姊亡妹续和姑亡侄续两种形式。

《萧孝忠墓志》中所言萧孝忠的第二个妻子即为“琴弦续断”。《耶律庶几墓志铭》记载，耶律惯宁与奚王女蒲里夫人为夫妻，在蒲里夫人死后，耶律惯宁又“求得挞里磨奚王儿查鲁太保女”，为“姑亡侄续”。奚《大王记结亲事碑》中也明确记载，该家族与娄呵阿“作亲”，先聘女掘劣，并作字据。女掘劣死，因家中没有女儿续亲，其弟褥叱合便将自己的女儿续与娄呵阿家。可见，一桩婚姻的形成要作字据，以为契约。在续婚习俗的约束下，嫁出去的女儿死后没有女儿再嫁，可以让弟弟的女儿来尽续亲义务。

续婚习俗，曾一度被禁止。辽会同三年（940）十一月，太宗“除姊亡妹续之法”[②]。但是风俗已久，更易实难，终辽一代，姊亡妹续的婚姻形式仍普遍存在。《萧袍鲁墓志》称，萧袍鲁“次娶耶律氏，北大王帐，故静江军节度使陈家奴女，以为继室，亦早亡。续娶次夫人妹”[③]。又《马直温妻张馆墓志》记载，枢哥“适殿中少监、大理寺知正耶律筠……省哥续适姊夫鸿胪少卿、北面主事耶律筠”[④]。

续婚作为一种婚姻习俗，有其特定的因素。这源于劳动力在当时社会生产生活中占有重要地位，妻子的死亡，造成男方家庭劳动力的缺失。同时，男子在娶妻的过程中付出了大量的财物，要求女方家再送一名女子以作为对男方家劳动力以及财物的补偿。也有两个联姻的家族不想因女子的死亡而断绝关系，续婚以继续保持联姻的关系等因素。

另外，在库莫奚婚姻的形成中，注重联姻家族的门当户对。《大王记结亲事碑》记载奚王家族的女子嫁给契丹贵族“舍利”。同时，奚世家大族对自己的婚姻没有完全的自主权，受奚王的控制。奚《大王记结亲事碑》明确记载，娄呵阿欲“求女苏乎酌”，奚王不同意，娄呵阿便违背自

① 〔日〕岛田正郎著：《辽代契丹人的婚姻》，何天明编译，《蒙古学信息》2004年第3期。

② 《辽史》卷4《太宗下》，第49页。

③ 《萧袍鲁墓志》刻于大安六年（1090），1965年出土于辽宁省法库县柏家沟乡前山村。详见向南：《辽代石刻文编》，第423—425页。

④ 《马直温妻张馆墓志》刻于天庆三年（1113），1979年出土于北京大兴县京开公路西红门段东侧。向南：《辽代石刻文编》，第633—635页。

己的心愿，取奥渠吕，并“拈鼻子”（不情愿）与女方家族形成婚契。与其他北方民族一样，库莫奚也存在着继宴嫂婚、继庶母婚、异辈婚等习俗，由于事例单一，不作具体论述。

库莫奚的婚姻习俗在其不同的发展阶段有其不同的表现形式，这既是不同历史时期库莫奚社会生活的反映，也是其独特文化内涵的体现。以现在的视角来看，库莫奚的婚姻习俗有其落后的一面，这源于民族文化受特定历史时代的制约以及地域、社会、生活环境等多种因素的影响。在奚与其他政权或民族联姻的过程中，丰富了本民族的文化，也促进了多民族之间的交流、往来和民族融合。

第四节　葬　　俗

库莫奚的葬俗有树葬和土葬两种形式。早期葬俗是树葬，据《周书·库莫奚传》记载，奚“死者则以苇薄裹尸，悬之树上”。树葬亦称“风葬”“天葬”“挂葬”“悬空葬”，是北方游猎民族通用的丧葬形式之一。契丹也实行树葬，“以其尸置于山树之上，经三年之后，乃收其骨而焚之”[①]。室韦也有树葬，“父母死，男女众哭三年，尸则置于林树之上”[②]。这种古老的葬俗在新中国成立前的鄂伦春民族中仍然存在，其形式是：“用桦树皮将尸体裹起，择日异出，架于树上。彼皮肉腐烂，骨坠下，然后拾起埋之土中。”[③]

清代学者方式济的《龙沙纪略·风俗》称：“东北边有风葬之俗。人死，以刍裹尸。悬深山大树间，将腐，解其悬，布尸于地，以碎石逐体，薄掩之，如其形然。”[④]在以上诸民族风葬的事例中，均将尸体置于树上，但对于树葬后尸体处理的方法不同。库莫奚的树葬如何处理尸体，不得而知，很可能与契丹“收其骨焚之”的方法相同。

随着时间的推移，受中原文化的影响，奚人接受了土葬习俗。如耶律德光灭后晋，出于对西奚酋长李绍威的惩治和报复，“乃发其墓，粉其

① 《隋书》卷84《契丹传》，第1881页。
② 《魏书》卷100《失韦传》，第2221页。
③ 胡朴安：《中华全国风俗志》第三册，广益书局，1933年，第146页。
④ （清）方式济：《龙沙纪略·风俗》，黑龙江人民出版社，1985年，第212页。

骨而扬之”[1]。说明奚人李绍威已有墓地，其骨被扬说明此时已有奚人实行土葬。入辽以后的奚人，尤其是奚上层统治阶级应与契丹贵族一样实行土葬。考古工作者认为目前所见的墓葬遗址，其墓主人为奚人的为数不少。项春松对内蒙古自治区赤峰市郊所见的十间房辽墓、窑沟门辽墓和赤峰地区数十座有木作结构的墓葬材料进行分析认为，这些墓葬主人可能就是奚人[2]。陈永志初步认定奚人的墓葬主要有 20 处[3]。毕德广对奚人的墓葬也有总结和论述[4]。

综上可知，库莫奚的文化习俗有自己的特点。在其与其他民族，尤其是汉族的交往、杂居的过程中，受中原文化影响，库莫奚的文化习俗也随之改变。奚人居于北方草原与中原汉地的交错地带，由于自身的传统和受周围环境的影响，奚人集游牧与农耕文化习俗于一身，既保持了游牧民族的某些传统，又兼有农耕民族的某些习俗。

纵观库莫奚的发展历程，自 4 至 13 世纪，库莫奚几经发展壮大，创造了丰富的物质文化与精神文化；库莫奚与北朝、隋、唐、五代、辽、金等政权和突厥、回鹘、契丹等民族发生了千丝万缕的联系，在北方民族史和中国古代史上占有重要地位，产生了广泛影响。

北魏时，库莫奚已经以部落的形式存在，畜牧业生产初具规模，辅助以渔猎业和手工业。不断发展和壮大的奚人试图南下，掠夺北魏边境的财物，与北魏发生冲突，也因此拉开了与中原政权关系的帷幕。北朝后期，库莫奚有五个部落，并出现部落和联盟首领，形成部落联盟，这成为库莫奚在诸民族和政权之林立足的重要基础。北朝时期的库莫奚与北魏、东魏、西魏和北齐都存在或战争或朝贡、贸易的关系，与周边的其他民族也有不同程度的联系。

---

① 《新五代史》卷 74《奚传》，第 910 页。

② 项春松：《赤峰市郊区发现的辽墓》，《北方文物》1991 年第 3 期。

③ 陈永志：《契丹史若干问题研究》，第 65、66 页。

④ 毕德广：《奚族文化研究》，第 127—130 页。

隋唐时期，库莫奚依然有五个部落，以部落联盟的形式存在。随着社会、经济的不断发展，库莫奚逐渐成为隋唐边境的重要势力。库莫奚曾向隋朝贡，表示归附。唐贞观年间，库莫奚归附于唐，向其朝贡，并听从其军事调遣。唐在奚境设立饶乐都督府，册封奚人为饶乐都督，进行间接管辖。同时，唐朝皇帝通过和亲、赐姓、册封、奖赏、互市贸易等策略加强与库莫奚的关系。有唐一代，无论是官方，还是民间，奚唐往来均非常频繁。然而，在这一时期强大起来的突厥对库莫奚与隋唐之间的关系产生了一定的影响，库莫奚曾在隋唐和突厥之间视强者相依附，来回摇摆。突厥之后兴起的回鹘也曾对库莫奚采取羁属政策，一定程度上影响了奚唐之间正常的交流和往来。

唐末五代时期，库莫奚在安史之乱期间受到严重打击，契丹则逐渐强大起来。面对契丹的不断扩张，部分奚人不堪其压迫，在首领去诸的率领下，迁徙至妫州（今北京市延庆区境），史称西奚，库莫奚分为东奚、西奚。契丹的势力锐不可当，经过一系列征伐，库莫奚诸部最终被契丹征服。

契丹建国后，给予奚人“拟于国族”的待遇。契丹依库莫奚旧俗，在奚境设立奚王府，奚王府有较为完备的内部机构，奚王对本民族事务拥有相对自主的权力。后经辽太宗、辽圣宗的行政改编，奚王府失去了昔日的政治权力，成为辽朝行政组织的一部分。但有辽一代，奚人拥有较高的政治地位。奚人如同契丹的左膀右臂，为契丹贵族的统治作出了重要贡献。

辽代，奚人主要聚居在辽中京（今内蒙古自治区赤峰市宁城县）境内的奚王府地区。较之契丹人，奚人生活区域的自然环境更为优越，也更接近中原，受农耕文化的影响较深。奚人的经济、文化等方面均取得了长足的进步和发展。虽然是被统治民族，但辽代无疑是库莫奚历史上最为辉煌的时期。辽朝末年，统治者昏聩无能，政局不稳，民生凋敝。受契丹人压迫已久的女真人在完颜阿骨打的率领下发动对辽的进攻。作为契贵族统治的拥护者，库莫奚也不可避免地成为女真进攻的目标，并在女真的打击下走向衰落。

在女真军接连取胜、辽朝国祚难保的情况下，天祚帝于保大二年（1122）逃入夹山（今阴山中段，内蒙古自治区呼和浩特市北）。同年，耶律大石、奚人回离保（也称萧干）拥立耶律淳为帝，建北辽。北辽灭亡后，耶律大石投靠天祚帝。回离保于保大三年（1123）正月建立库莫奚政权，称神圣皇帝，改元天嗣，并设置一系列行政机构。面对回离保建立的政权，女真实施了刚柔并济的措施，奚人的抵抗活动纷纷失败，部分奚人开始主动向金朝靠拢。同时，金朝还联合北宋一同与奚政权为敌。同年八月中旬，奚军在与北宋的战争中大败，回离保被部下所杀，库莫奚政权灭亡。这一政权是库莫奚首次建立的内部机构较完整的、具有独立性质的政权。在错综复杂的历史环境中，库莫奚的势力毕竟弱小，政权也是昙花一现，仅仅维持 8 个月即告灭亡。

其后，奚人陆续归降金朝。金统治者对奚人恩威并加，对上层人士实行拉拢和利用，对下层民众进行改编和移民。《金史》可见不少奚人在金朝担任过要职，并得到赏识。例如萧玉、萧王家奴、萧恭、萧怀忠、萧肄、萧裕、萧福延、萧公建、萧资茂等。库莫奚的普通民众，一部分被编入猛安谋克户。又因出于政治因素的考虑，金廷将部分奚人迁徙至别处，女真人则迁至奚人聚居的中京地区。此外，还有部分奚人被编入军中，为金朝开疆拓土或戍守边境。这些政策加速了奚人的分散，也增进了库莫奚与其他民族融合的进程。

如前文所述，自北朝以来，库莫奚就与契丹、突厥、回鹘、汉、渤海等诸多民族接触或杂居，融合的速度不断加快。到了金代，奚人又一次被编入以地域划分的行政体制内，分散于金境各处，与女真、汉、渤海等民族融合。长此以往，奚人的民族意识开始淡薄，其民族特征亦逐渐消失。较为典型的例子是，在金朝的奚人萧怀忠等已被视为契丹人。

到了元代，统治者实行四等人的统治政策，原来北方的汉、契丹、女真等族都被视为汉人，列为第三等级。所谓的汉人八种，包括契丹、高丽、女真、渤海等，已不见库莫奚，作为一个整体，库莫奚在元代已经退出了历史舞台。但是，元代还有奚人的踪迹，《元史》所记载的石抹阿辛即石抹也先就是奚人。元代以后，奚人逐渐融入汉、契丹、蒙古等民族。

自库莫奚出现至元代以后不见于文献记载，经历了成长、发展、壮大、衰落的变迁过程，直到融入其他民族之中。综合来看，库莫奚作为延续近一千年的古代北方民族，对中国历史产生的重要影响可以归结为三个大的方面。

其一，库莫奚创造的丰富的物质文化与精神文化是多姿多彩、内涵丰富的中国古代多民族文化不可或缺的内容，是其重要的描绘与点缀，库莫奚文化与库莫奚一同成为中国古代民族史和中国古代史的重要组成部分。

其二，库莫奚主要聚居、活动于中国历史上的南北交错地带，集北方游牧民族的历史传统与中原农耕民族的风俗文化于一身，起到了重要的纽带和桥梁作用，促进了南北民族和地区的多文化、多民族的互动与共生、交汇与融合。

其三，库莫奚与周边政权和民族之间或疏或密的联系涉及政治、经济、文化等诸多方面，既促进了库莫奚自身的发展，也增进了各民族之间的认识和了解，在中国古代多民族国家的形成和中国疆域的形成过程中起到过不可忽视的作用，是中国古代多民族交往、融合，最终成为一体的经典篇章。

参 考 书 目

一、古籍

（西汉）司马迁：《史记》，中华书局点校本，1959 年。

（东汉）班固：《汉书》，中华书局点校本，1962 年。

（南朝·宋）范晔：《后汉书》，中华书局点校本，1965 年。

（西晋）陈寿：《三国志》，中华书局点校本，1959 年。

（北齐）魏收：《魏书》，中华书局点校本，1974 年。

（唐）令狐德棻：《周书》，中华书局点校本，1971 年。

（唐）李百药：《北齐书》，中华书局点校本，1972 年。

（唐）房玄龄等：《晋书》，中华书局点校本，1974 年。

（唐）魏徵等：《隋书》，中华书局点校本，1973 年。

（唐）李延寿：《南史》，中华书局点校本，1975 年。

（唐）李延寿：《北史》，中华书局点校本，1974 年。

（唐）杜佑：《通典》，中华书局点校本，1988 年。

（唐）李林甫等：《唐六典》，中华书局点校本，1992 年。

（唐）姚汝能撰，曾贻芬校点：《安禄山事迹》，上海古籍出版社，1983 年。

（后晋）刘昫等：《旧唐书》，中华书局点校本，1975 年。

（北宋）欧阳修、宋祁等：《新唐书》，中华书局点校本，1975 年。

（北宋）薛居正等：《旧五代史》，中华书局点校本，1976 年。

（北宋）欧阳修：《新五代史》，中华书局点校本，1974 年。

（北宋）司马光：《资治通鉴》，中华书局点校本，1956 年。

（北宋）王钦若等：《册府元龟》，中华书局影印本，1960 年。

（北宋）王溥：《唐会要》，上海古籍出版社点校本，2006 年。

（北宋）王溥：《五代会要》，上海古籍出版社点校本，2006 年。

（北宋）陈彭年：《钜宋广韵》，上海古籍出版社，1983 年。
（北宋）苏颂撰，王同策等点校：《苏魏公文集》，中华书局，1988 年。
（北宋）苏辙撰，曾枣庄、马德富点校：《栾城集》，上海古籍出版社，1987 年。
（北宋）余靖撰，曾枣庄、刘琳等点校：《全宋文》，上海辞书出版社，2006 年。
（北宋）王珪：《华阳集》，四库全书文渊阁本。
（北宋）刘敞：《公是集》，四库全书文渊阁本。
（北宋）范缜：《东斋记事》，中华书局，1980 年。
（宋）邓名世撰，王云五校：《古今姓氏书辨证》，商务印书馆，1936 年。
（宋）李焘：《续资治通鉴长编》，中华书局，1992 年。
（南宋）袁枢：《通鉴纪事本末》，中华书局，1964 年。
（南宋）徐梦莘：《三朝北盟会编》，上海古籍出版社，1987 年。
（南宋）叶隆礼：《契丹国志》，上海古籍出版社点校本，1985 年。
（南宋）宇文懋昭撰，崔文印校：《大金国志校正》，中华书局，1986 年。
（南宋）洪皓：《松漠纪闻》，中华书局，1985 年。
（元）马端临：《文献通考》，中华书局，1986 年。
（元）脱脱等：《宋史》，中华书局点校本，1977 年。
（元）脱脱等：《辽史》，中华书局点校本，1974 年。
（元）脱脱等：《金史》，中华书局点校本，1975 年。
（明）宋濂等：《元史》，中华书局点校本，1976 年。
（清）张廷玉：《明史》，中华书局点校本，1974 年。
（清）李有棠：《辽史纪事本末》，中华书局，1983 年。
（清）厉鹗：《辽史拾遗》，商务印书馆，1936 年。
（清）顾祖禹：《读史方舆纪要》，中华书局，2005 年。
（清）李慎儒：《辽史地理志考》，北京出版社，1998 年。
（清）董诰等：《全唐文》，中华书局，1983 年。
（清）毕沅撰：《续资治通鉴》，上海古籍出版社影印本，1985 年。

二、专著

（一）中文专著

毕德广：《奚族文化研究》，科学出版社，2016 年。

曹永年：《古代北方民族史丛考》，上海古籍出版社，2012 年。

陈述：《契丹经济社会史稿》，生活·读书·新知三联书店，1963 年。

陈述：《契丹政治史稿》，人民出版社，1986 年。

陈永志：《契丹史若干问题研究》，文物出版社，2011 年。

陈育宁、汤晓芳：《北方民族史论丛》，宁夏人民出版社，1991 年。

崔明德、马晓丽：《隋唐民族关系思想史》，人民出版社，2010 年。

达力扎布主编：《中国民族史研究 60 年》，中央民族大学出版社，2010 年。

都兴智：《辽金史研究》，人民出版社，2004 年。

二十五史刊行委员会编：《二十五史补编》（全六册），中华书局，1955 年。

傅朗云、杨旸：《东北民族史略》，吉林人民出版社，1983 年。

傅斯年：《民族与古代中国史》，上海古籍出版社，2012 年。

盖之庸编著：《内蒙古辽代石刻文研究》，内蒙古大学出版社，2002 年。

干志耿、孙秀仁：《黑龙江古代民族史纲》，黑龙江人民出版社，1987 年。

耿世民：《古代突厥文碑铭研究》，中央民族大学出版社，2005 年。

郭锡良编著：《汉字古音手册》（增订本），商务印书馆，2010 年。

韩茂莉：《草原与田园——辽金时期西辽河流域农牧业与环境》，生活·读书·新知三联书店，2006 年。

韩世明主编：《辽金史论集》（第十辑），中国社会科学出版社，2007 年。

何俊芳主编：《民族研究文集》，中央民族大学出版社，2012 年。

何天明：《辽代政权机构史稿》，内蒙古大学出版社，2004 年。

黄烈：《中国古代民族史研究》，人民出版社，1987 年。

贾敬颜：《东北古代民族古代地理丛考》，中国社会科学出版社，

1994 年。
贾敬颜:《五代宋金元人边疆行记十三种疏证稿》，中华书局，2004 年。
江应梁主编:《中国民族史》，民族出版社，1990 年。
金炳镐:《民族关系理论通论》，中央民族大学出版社，2007 年。
李桂芝:《辽金简史》，福建人民出版社，1996 年。
李锡厚、白滨:《辽金西夏史》，上海人民出版社，2003 年。
李逸友、魏坚主编:《内蒙古文物考古文集》(第 1 辑)，中国大百科全书出版社，1994 年。
林幹、再思:《东胡乌桓鲜卑研究与附论》，内蒙古人民出版社，1995 年。
林幹:《东胡史》，内蒙古人民出版社，1990 年。
林幹、高自厚:《回纥史》，内蒙古人民出版社，1994 年。
林幹:《突厥史》，内蒙古人民出版社，1988 年。
林幹:《中国古代北方民族通论》，内蒙古人民出版社，2007 年。
林幹:《中国古代北方民族史新论》，内蒙古人民出版社，2007 年。
林惠祥:《中国民族史 (上册)》，商务印书馆，1993 年。
刘浦江:《辽金史论》，辽宁大学出版社，1999 年。
刘浦江:《松漠之间——辽金契丹女真史研究》，中华书局，2008 年。
刘义棠:《中国边疆民族史》，台湾中华书局，1969 年。
罗布桑却丹著，赵景阳译:《蒙古风俗鉴》，辽宁民族出版社，1988 年。
罗新:《中古北族名号研究》，北京大学出版社，2009 年。
吕光天:《北方民族原始社会形态研究》，宁夏人民出版社，1981 年。
吕思勉:《两晋南北朝史》，上海古籍出版社，1983 年。
马利清:《原匈奴、匈奴历史与文化的考古学探索》，内蒙古大学出版社，2005 年。
马长寿:《北狄与匈奴》，生活·读书·新知三联书店，1962 年。
马长寿:《乌桓与鲜卑》，上海人民出版社，1962 年。
梅宁华主编:《北京辽金史迹图志》(上)，北京燕山出版社，2003 年。
梅宁华主编:《北京辽金史迹图志》(下)，北京燕山出版社，2004 年。
米文平:《东北亚研究——鲜卑史研究》，中州古籍出版社，1994 年。
宁骚:《民族与国家：民族关系与民族政策的国际比较》，北京大学出版社，1995 年。

漆侠、乔幼梅：《辽夏金经济史》，河北大学出版社，1994 年。

任爱君：《契丹史实揭要》，哈尔滨出版社，2001 年。

申友良：《中国北方民族及其政权研究》，中央民族大学出版社，1998 年。

舒焚：《辽史稿》，湖北人民出版社，1984 年。

宋德金：《辽金论稿》，湖北教育出版社，2005 年。

孙建华主编：《辽金史论集》（第十一辑），内蒙古大学出版社，2009 年。

孙建华编著：《内蒙古辽代壁画》，文物出版社，2009 年。

孙进己、孙泓：《契丹民族史》，广西师范大学出版社，2010 年。

孙进己：《东北民族源流》，黑龙江人民出版社，1989 年。

孙危：《鲜卑考古学文化研究》，科学出版社，2007 年。

谭其骧主编：《中国历史地图集》，中国地图出版社，1982 年。

王善军：《世家大族与辽代社会》，人民出版社，2008 年。

王雄：《古代蒙古及北方民族史史料概述》，内蒙古大学出版社，2008 年。

王锺翰主编：《中国民族史》，中国社会科学出版社，1994 年。

魏坚主编：《内蒙古地区鲜卑墓葬的发现与研究》，科学出版社，2004 年。

魏坚主编：《内蒙古文物考古文集》（第 2 辑），中国大百科全书出版社，1997 年。

翁独健主编：《中国民族关系史纲要》，中国社会科学出版社，1990 年。

武玉环：《辽制研究》，吉林大学出版社，1990 年。

向南、张国庆、李宇峰辑注：《辽代石刻文续编》，辽宁人民出版社，2010 年。

向南：《辽代石刻文编》，河北教育出版社，1995 年。

项阳：《中国弓弦乐器史》，国际文化出版公司，1999 年。

薛宗正：《突厥史》，中国社会科学出版社，1992 年。

杨富学：《中国北方民族历史文化论稿》，甘肃人民出版社，2001 年。

杨若薇：《契丹王朝政治军事制度研究》，中国社会科学出版社，1991 年。

杨树森：《辽史简编》，辽宁人民出版社，1984 年。

姚薇元：《北朝胡姓考》（修订本），中华书局，2007 年。

亦邻真：《亦邻真蒙古学文集》，内蒙古人民出版社，2001 年。

臧励和等编：《中国古今地名大辞典》，商务印书馆，1931 年。

张博泉：《东北地方史稿》，吉林大学出版社，1985 年。

张国庆：《辽代社会史研究》，中国社会科学出版社，2006 年。

张久和：《原蒙古人的历史：室韦—达怛研究》，高等教育出版社，1998 年。

张久和编著：《辽夏金元史徵·辽朝卷》，内蒙古大学出版社，2007 年。

张正明：《契丹史略》，中华书局，1979 年。

赵永春：《奉使辽金行程录》，吉林文史出版社，1995 年。

中国大百科全书总编辑委员会《中国历史》编辑委员会辽宋夏金史编写组、中国大百科全书出版社编辑部编：《辽宋西夏金史》，中国大百科全书出版社，1988 年。

周清澍主编：《内蒙古历史地理》，内蒙古大学出版社，1994 年。

（二）译著

〔日〕爱宕松男著，邢复礼译：《契丹古代史研究》，内蒙古人民出版社，1988 年。

〔日〕白鸟库吉著，方壮猷译：《东胡民族考》，商务印书馆，1934 年。

〔日〕岛田正郎：《辽朝史研究》，创文社，1979 年。

〔日〕岛田正郎著，何天明译：《大契丹国：辽代社会史研究》，内蒙古人民出版社，2007 年。

〔德〕恩格斯：《家庭、私有制和国家的起源》，《马克思恩格斯选集》（第四卷），人民出版社，1972 年。

三、论文

（一）中文论文

蔡美彪：《辽史外戚表新编》，《社会科学战线》1994 年第 2 期。

蔡美彪：《契丹的部落组织和国家的产生》，《历史研究》1964 年第 5-6 期。

程尼娜：《论唐代中央政权对契丹、奚人地区的羁縻统治》，《吉林大学社会科学学报》2002 年第 6 期。

崔明德：《唐与契丹、奚和亲公主考述》，《西北民族学院学报》（哲学社会科学报）1988 年第 2 期。

冯继钦：《北朝时期的库莫奚族》，《求是学刊》1987 年第 5 期。

冯继钦：《金代奚族初探》，《求是学刊》1986 年第 2 期。

冯继钦：《辽代奚族共同体的演变及其特征初探》，《史学集刊》1983 年第 3 期。

冯继钦：《奚族社会性质初探》，《黑龙江文物丛刊》1984 年第 2 期。

冯继钦：《奚族史研究概述》，《民族研究动态》1993 年第 5 期。

冯继钦：《奚族文化刍议》，《社会科学辑刊》1993 年第 1 期。

冯继钦：《有关奚族族源的两个问题》，《求是学刊》1984 年第 1 期。

韩茂莉：《辽代西辽河流域气候变化及其环境特征》，《地理科学》2004 年第 5 期。

韩茂莉：《辽代中京及周围地区农业生产的发展》，《古今农业》1998 年第 4 期。

何天明：《辽太祖析分迭剌部探讨》，《内蒙古社会科学》1999 年第 1 期。

李德山：《奚族增考》，《民族研究》1989 年第 5 期。

李符桐：《奚部族及其与辽朝关系之探讨》（1—5），《大陆杂志》33 卷 7-11 期，1966 年 10—12 月。

李涵、张星久：《金代奚族的演变》，《武汉大学学报》（哲学社会科学版）1986 年第 6 期。

李蓉：《唐初两蕃与唐的东北策略》，《四川师范大学学报》（社会科学版）2003 年第 2 期。

李彦平：《唐朝与东北少数民族契丹、奚的和亲》，《社会科学战线》1996 年第 3 期。

李义：《辽代奚“大王记结亲事”碑》，《中国古都研究：中国古都学会，2001 年年会暨赤峰辽王朝故都历史文化研讨会论文集》（第十八辑下册），国际华文出版社，2001 年。

刘浦江：《金代猛安谋克人口状况研究》，《民族研究》1994 年第

2 期。

刘一:《新中国成立以来国内奚族研究综述》,《学术探索》2013 年第 8 期。

孟古托力:《辽金战争中的奚族》,《黑龙江民族丛刊》(季刊)1997 年第 4 期。

孟古托力:《萧干建国称帝极其失败琐谈》,《内蒙古师大学报》(哲学社会科学汉文版)1988 年第 3 期。

孟广耀:《安史之乱中的奚族》,《社会科学战线》1985 年第 3 期。

孟广耀:《回纥羁属下的奚族——兼释唐朝与奚族的关系》,《北方文物》1983 年第 3 期。

孟广耀:《金朝对奚族的基本政策》,《辽金史论集》(第四辑),书目文献出版社,1989 年。

孟广耀:《辽朝与奚族的关系》,《中国民族史研究》,中国社会科学出版社,沈阳市文史研究所,1987 年。

孟广耀:《辽朝直辖奚族诸部营——兼论奚人契丹化问题》,《东北地方史研究》1988 年第 3 期。

孟广耀:《唐代奚族君长及世次考述》,《求是学刊》1984 年第 4 期。

孟广耀:《唐代奚族驻牧范围变迁考论》,《内蒙古师大学报》1983 年第 1 期。

孟广耀:《唐以后奚族诸部的对应关系及奚王所属诸部剖析》,《北方文物》1987 年第1期。

孟广耀:《西部奚历史探讨》,《内蒙古社会科学》1987 年第 2 期。

任爱君:《契丹对奚族的征服及其统治方略》,《内蒙古社会科学》(汉文版)2010 年第 2 期。

任爱君:《契丹与库莫奚的先世及其关系略述》,《昭乌达蒙族师专学报》(汉文哲学社会科学版)1989 年第 2 期。

孙科丽:《辽代贵族联姻关系述论》,《内蒙古社会科学》(汉文版)2008 年第 3 期。

孙玉良:《唐朝在东北地区设置的府州》,《社会科学战线》1986 年第 3 期。

佟柱臣:《中国古代北方民族游牧经济起源及其物质文化比较》,《社会科学战线》1993 年第 3 期。

王凯:《20 世纪 80 年代以来奚族研究综述》,《东北史地》2011 年第 1 期。

王玲:《辽代奚族考略》,《民族研究》1983 年第 3 期。

王民信:《辽朝统治下的奚族》,《王民信辽史研究论文集》,台湾大学出版中心,2010 年。

王善军:《论辽代后族》,《黑龙江民族丛刊》2007 年第 2 期。

项春松:《赤峰市郊区发现的辽墓》,《北方文物》1991 年第 3 期。

杨若薇:《奚族及其历史的发展》,《历史教学》1983 年第 7 期。

亦邻真:《中国北方民族与蒙古族族源》,《内蒙古大学学报》(哲学社会科学版)1979 年第 Z2 期。

于省吾:《殷代的奚奴》,《吉林大学社会科学学报》1956 年第 1 期。

张博泉:《"别种"刍议》,《社会科学战线》1983 年第 4 期。

张国庆:《辽代契丹人的交通工具考述》,《北方文物》1991 年第 1 期。

张久和:《东胡系各族综观》,《内蒙古大学学报》(哲学社会科学版)1990 年第 2 期。

张久和:《东胡系各族族名研究及其存在问题——兼谈译名研究的可行性条件》,《内蒙古大学学报》(哲学社会科学版)1996 年第 1 期。

张文平、张久和:《库莫奚基本史料的初步比较研究》,《内蒙古大学学报》(人文社会科学版)2007 年第 1 期。

张永攀:《契丹奚车考》,《西北民族研究》2000 年第 1 期。

张云波:《辽代契丹人及奚人的分布》,《四川大学季刊》1935 年第 1 期。

周峰:《奚族碑刻概说》,《赤峰学院学报》(汉文哲学社会科学版)2009 年第 9 期。

周峰:《最后的奚人——金元时期石抹也先家族考》,《东北史地》2011 年第 6 期。

朱泓:《人种学上的匈奴、鲜卑与契丹》,《北方文物》1994 年第 2 期。

(二)汉译论文

〔日〕岛田正郎著:《辽代契丹人的婚姻》,何天明编译,《蒙古学信息》2004年第3期。

〔日〕岛田正郎著:《辽代的部族制度》(1—5),何天明编译,《蒙古学信息》2000年第3期;2000年第4期;2001年第1期;2001年第2期;2001年第3期。

〔日〕高井康典行:《辽朝的部族制度与奚六部的改组》,《史观》第137册,1997年。

〔日〕高井康典行著:《辽代斡鲁朵的存在形态》,何天明编译,《蒙古学信息》2001年第4期。

〔日〕内田吟风:《乌桓、鲜卑的习俗》,李步嘉摘译,《民族译丛》1985年第1期。

〔日〕田村实造:《室韦、契丹、奚传笺注》,内蒙古大学蒙古史研究所编译,《蒙古史研究参考资料》1983年3月。

索　　引

M

N

Q

R

S

T

W

X

Y

Z

Abstract

Kumoxi (库莫奚) was one of the northern ethnic groups in ancient China. It was first mentioned as Kumoxi in *the History of the Wei* in the Northern and Southern Dynasties, then as Xi after the Sui. It was adjacent to Qidan, so the Tang referred to both as *liangfan*, two barbarians. During its early history the Kumoxi people mainly lived in the Xilamulun River region of present day Inner Mongolia. By the Liao dynasty their territory had centered in the Laoha River region. As an ethnic group the Kumoxi people had lasted for nearly a thousand years since the 4th century.

Kumoxi originated from the Yuwen clan of Xianbei, which had a certain relationship with Xiongnu. The political organization of Kumoxi had three forms. In the Northern Dynasties, the tribal alliance was an important safeguard for Kumoxi to establish themselves among many regimes and ethnicities. Then, the Tang government made them an autonomous prefecture by setting up the Raole Dudu Fu, the chief military command. In the early Liao Dynasty, the government established a relatively independent institution, Xi Da Wang Fu, with higher autonomy in the settlement of Xi. Besides animal husbandry as the major subsistence economy, hunting, handicraft, trade, and agriculture had all played roles in different periods of its history. The lifestyles, such as costume, diet, residence, and transportation, corresponded to these different economic types. The linkages between Kumoxi and the Central Plains regimes had been established since the Northern Wei Dynasty. Then they had kept contact with the Eastern and Western Wei, the Northern Qi, the Sui, and the Tang Dynasty in various degrees, and kept friendly or hostile relations with Qidan, Tujue, Huihe, and other neighbors. Their cultures and customs, in particular language, marriage, and burial, were distinctive with dual characteristics of nomads and farmers.

Kumoxi was important in ancient China. Since the earliest record of them in the Northern and Southern Dynasties they had gone through a long process of rise and decline, eventually integrating into other ethnic groups during the Yuan dynasty. The Kumoxi people had created rich material and spiritual cultures which were indispensable to the multi-ethnic culture in ancient China. They lived in the north-south intersection area in Chinese history, which had promoted interaction and coexistence of multiple ethnicities and cultures. Kumoxi's historical influence could not be ignored for the formation of the territory and the multi-ethnic culture of China.

后　记

2004年，我考入内蒙古大学学习历史。2008年开始攻读北方民族史硕士研究生。2011年攻读博士学位之始，确立了对库莫奚历史的研究。2014年至2016年，我在中国人民大学历史学院博士后流动站工作，以库莫奚考古研究为主。在12年的研读历程中，我的困顿茫然与豁然开朗总是如影随形、相伴相生，这或许就是历史学的魅力所在。幸运的是，我能够在成长的关键时期，遇到给我指导和帮助的老师。这份恩情和感动，断不是一句感谢就能够表达的。我会铭记于心，也会传播给我的学生，我想这就是教书育人的生命和传承吧。

对于库莫奚而言，她作为一个有着近千年历史的民族，与中原诸政权和周边民族均发生过联系，产生了广泛影响，留下了较为丰富的物质财富和精神财富。值得作为专题进行系统深入研究。

对于我而言，最为青春的年华，最为励志的岁月，其中的苦乐，只有自己能够体味。如今，《中国古代北方民族史·库莫奚卷》即将呈现，我深知她不完美，但终究代表着成长。未来可期，幼苗终将会枝繁叶茂起来。

感谢在本书形成过程中，给予指导和建议的诸位老师，感谢王琳玮师妹对书稿的编辑，感谢家人对我的支持。

写作过程中，正值我孕育着一个小生命，她与“库莫奚”一起伴随着那些值得我记忆和珍藏的时光。2018年12月3日，我的女儿——艾俐出生，她健康、可爱，令我感到幸福。这本小书也权作赠予她的一份礼物，祝愿她健康、快乐地成长！

由于个人水平有限，本书肯定存在很多不足，敬请各位专家和读者不吝赐教。

王丽娟

2021年6月

总 后 记

在十卷本《中国古代北方民族史》即将出版之际，我们感觉有一些与全书有关的人和事应该记下来，权做一个交代和备忘。

2011年春季，由时任内蒙古自治区呼伦贝尔市委常委、统战部部长孟松林同志召集，中国社会科学院考古研究所内蒙古第一工作队队长刘国祥研究员、呼伦贝尔民族博物院院长白劲松研究员具体组织，辽宁师范大学历史文化旅游学院院长田广林教授、内蒙古大学历史与旅游文化学院院长张久和研究员等人参加，在海拉尔落实论证由时任十一届全国政协副主席、中国社会科学院院长、党组书记陈奎元同志倡议的“蒙古族源与元朝帝陵综合研究”项目方案，填报立项申报书，通过中国社会科学院科研局，报送至全国哲学社会科学规划办公室。2012年8月，“蒙古族源与元朝帝陵综合研究”被列为国家社会科学基金重大委托项目（批准号为12@ZH014），研究周期为10年。中国社会科学院科研局作为项目主管单位，中国社会科学院考古研究所、内蒙古自治区文物局、呼伦贝尔市人民政府作为项目联合实施单位，内蒙古大学历史与旅游文化学院作为项目协作单位之一。王巍、孟松林二位先生担任项目首席专家，设北京和呼伦贝尔两个项目办公室，刘国祥、白劲松分别担任主任，组织全国相关科研机构和高校研究人员，以考古学为主，结合历史学、民族学、人类学、社会学、地理学等开展综合研究，力争取得具有国际影响力的学术成果。根据工作计划，2013—2014年，刘国祥作为考古领队主持发掘了海拉尔区谢尔塔拉、陈巴尔虎旗岗嘎两处墓地，经过研究确认这两处墓地均为室韦人遗存。谢尔塔拉和岗嘎墓地的发现、识别和初步研究，为室韦史、北方民族史研究提供了丰富、直观的珍贵资料，对研究蒙古族族源问题具有重要学术价值。该重大委托项目的设立、室韦考古学文化遗存的发现与识别、共同的学术追求和多年来建立的深厚友谊，为我们开展相关合作研究奠定了坚实基础。

2017年6月末，项目组在海拉尔召开学术研讨会，经过讨论，我们认为组织编写一套北方民族史著作的时机和条件基本成熟，根据项目实施计划，需要编写出版一部系统性的、与蒙古族起源史具有密切关系的历史学研究成果。于是，决定主要依托内蒙古大学培养的北方民族史科研力量组成学术团队编写《中国古代北方民族史》，并作为国家社会科学基金重大委托项目“蒙古族源与元朝帝陵综合研究”的子课题。达成共识后，经过准备，2017年8月16日即在内蒙古大学召开了第一次“中国古代北方民族历史与考古系列学术研讨会”。在这次会议上，组建编写组，确定张久和、刘国祥为主编，何天明、白劲松为副主编，胡玉春、何天明、梁云与白劲松、袁刚、包文胜、吴飞、王洁、冯科、王丽娟、张久和与刘国祥为各卷作者，形成了老中青结合的学术团队。讨论了编写大纲、撰写内容、人员分工、全书体例和编纂要求等事项，标志着该项研究工作的正式启动。考虑到北方民族历史发展的连续性、诸北方民族的重要历史地位、与学界蒙古族起源说有关的北方民族、团队成员的科研主攻方向和前期的学术成果积累等因素，确定了以匈奴、乌桓、拓跋鲜卑、柔然、突厥、回鹘、黠戛斯、契丹、库莫奚和室韦这十个北方民族为研究对象，按族别史体例，一族一卷，形成十卷本的《中国古代北方民族史》。此后，十卷作者分别进入了研究和撰写阶段。

从研究工作启动，截至2021年1月，编写组以“中国古代北方民族历史与考古系列学术研讨会”的名义又召开了六次以推进研究、解决问题为主要目的务实会议。2017年11月11—12日，第二次“中国古代北方民族历史与考古系列学术研讨会”在海拉尔召开，各卷著者就第一部分试写稿内容及相关事宜做了说明，与会人员充分讨论并提出了修改完善建议，并进一步讨论细化了各卷大纲。2018年7月31日—8月1日，第三次会议在内蒙古大学召开，以各卷撰写进展汇报为主题，与会专家围绕各卷完成的基本内容、学术创新、难点等展开了深入的学术研讨。2019年2月16—17日，第四次会议在科学出版社召开，社领导高度重视，专门为每卷书稿选定一位编辑，个别卷甚至配备了两位编辑，开始与各卷作者对接。此次会议以撰写进展汇报为主要议题，作者、编辑和相关专家学者等与会人员围绕编写内容、编写进度、主旨思想、学术重点、学术规范、出版规范等内容进行了深入细致的研讨。

在第四次会议上基本确定了各卷完成和上交初稿的时间段。为了提高效率、保证质量，决定组成由张久和、何天明、冯科、曹磊、王石雨、任翔为主要成员的统稿小组，远离喧嚣闹市，摆脱杂事干扰，进行封闭集中统稿。2019 年 3 月 25—30 日，统稿小组在赤峰市红山区赤峰宾馆进行了第一次统稿，统阅胡玉春《匈奴卷》、王洁《黠戛斯卷》、王丽娟《库莫奚卷》三部书稿。中国社会科学院考古研究所内蒙古第一工作队承担了后勤保障工作。2019 年 4 月 8—13 日，在山西省朔州市右玉县进行了第二次统稿，得到右玉县文史学者王泽民先生的热情接待和周到安排。本次集中统阅何天明《乌桓卷》，梁云、白劲松《拓跋鲜卑卷》和张久和、刘国祥《室韦卷》三部书稿。2019 年 5 月 6—11 日，在赤峰市敖汉旗进行了第三次统稿。统阅袁刚《柔然卷》、包文胜《突厥卷》、吴飞《回鹘卷》、冯科《契丹卷》四部书稿。中国社会科学院考古研究所内蒙古第一工作队负责后勤保障工作，内蒙古史前文化博物馆田彦国馆长给予了热情支持。实际上，每一次统稿所用时间并不止于一周，每次回到呼和浩特后，统稿、校对人员各自又费时十余天才完成了相关工作。统稿小组诸位成员不辞辛苦，认真投入，指出和改正了书稿中存在的一些具体问题，提出了整体修改完善建议，在充分保证学术质量的同时，有效推进了编纂工作。

2019 年 7 月 13—14 日，第五次会议在中国社会科学院考古研究所召开，主要就全书的统稿情况，各卷的作者简介、内容简介、内容摘要翻译、配图、索引，出版阶段的有关问题及解决方案、下半年工作计划等进行讨论，做出了安排和要求，对此前整体工作做了总结。总体而言，五次会议就全书编写提纲、体例、结构、内容、编纂要求、进展等相关工作展开充分讨论，及时解决出现的问题，为整体工作的顺利进行起到了良好作用，推动了编纂进度，提高了内容质量。在第五次研讨会成果基础上，各卷作者用时近两个月完成相关工作内容，十卷书稿于 2019 年 9 月一次性交付出版社，正式进入编辑出版程序。至 2020 年 9 月，各卷先后审完作者样。

2020 年 9 月 7—12 日，第六次“中国古代北方民族历史与考古系列学术研讨会”在海拉尔召开，各卷作者、部分项目组专家、出版社编辑等参会，讨论确定了各卷作者样、索引、英文摘要、后记等最后上交期限以及后期编辑、出版方面的问题，对整体工作做了总结，对下一步工作做了安排。

2021 年 1 月 27 日，第七次“中国古代北方民族历史与考古系列学术研讨会”通过线上方式举办，本次会议以《中国古代北方民族史》十卷本书稿的外审意见反馈沟通为主要议题，各卷作者与编辑人员围绕相关建议进行研讨，并就书稿进一步的修改与编校深入交流意见。与会专家一致认为，送审意见既体现了对国家有关政策的深入理解，又有对具体写作表述细节的精准见解，是进一步开展书稿修改编校的工作指南，落实好上级部门的送审意见是书籍能够高质量面世的重要前提。各卷作者表示，一定会认真领会送审意见，与责编紧密配合，做好书稿修改工作，用优质学术成果回馈社会。张久和研究员在发言中指出，本套书全体撰写、编辑人员在实际工作中要始终贯彻好“铸牢中华民族共同体意识”的要求，一定要根据送审意见全面解决还存在的各种学术和技术问题，对于一些难点问题可以再次进行讨论，找到最佳解决方案，确保书籍质量。刘国祥研究员在会议总结时强调，习近平总书记在哲学社会科学工作座谈会上的讲话、致中国历史研究院成立的贺信以及 2020 年 9 月 28 日在中央政治局第二十三次集体学习时发表的《建设中国特色中国风格中国气派的考古学　更好认识源远流长博大精深的中华文明》的重要讲话，为历史学研究和考古学研究提供了科学指引，也为我们的工作注入了强劲的动力。在各卷编写的过程中均注重吸收最新的考古学研究成果，促进了历史学与考古学的融合发展，提升了该项成果的学术价值和创新价值。

自决定编写《中国古代北方民族史》开始，从论证体例、结构，斟酌目录、编纂要求，到试写内容的讨论、完成初稿，再到统稿中的增删修改、核对史料、提出总体建议、修改完善书稿，直到选图配图、编制索引、校对书稿等，整个过程大家各尽其责，团结协作，体现了应有的专业素养和团队意识。应该说我们尽了很大努力去组织全书的编纂，各卷作者也克服困难、夜以继日地工作，但从 2017 年 8 月启动，到 2019 年 9 月正式交稿，撰写时间毕竟太短，作者又各有学习、教学、科研甚至行政工作任务，投入的时间和精力难以保证；加之成果积累程度不同，其中半数有博士论文作基础，有数年或十余年的积淀，编纂起来相对容易；有的纯粹白手起家，从收集分析史料、总结归纳前人成果做起，再进行研究，工作量和难度确实很大；有的作者年轻，刚刚踏入史学门槛，想法稚嫩，功力尚浅，难免存在许多缺陷。吸收青年学人加入团队，也是抱着锻炼、培养和带动他们成长的目的。因此，虽然全书整体体例、编写要求等大体一致，但在内容论述深度、提出和解决问题等方面还各存差异，在学术上尚存在很大的提升和完善空间，一定会有许多不足和遗憾之处。考虑到“蒙古族源与元朝帝陵综合研究”重大委托项目的迫切需要，以及国内外尚无一次性推出以族别史为体例的多卷本北方民族史成果的现实，我们不揣浅陋，把十卷本《中国古代北方民族史》作为一项团队研究北方民族史的阶段性学术成果呈现出来，供学界同仁批评指正，以达到抛砖引玉，锻炼队伍，增进交流，推动研究的目的。

从启动编写到正式出版，费时四年。我们能够顺利完成这项研究工作，离不开各位领导、学界同仁、出版社编辑和媒体记者朋友的大力支持和鞭策。“蒙古族源与元朝帝陵综合研究”重大委托项目首席专家王巍先生、孟松林先生宏观指导、鼎力支持，同意将《中国古代北方民族史》列为重大委托项目子课题资助研究。孟松林院长每次会议均到场致辞，亲切关怀，热情鼓励，增强了编写组成员的信心。内蒙古大学党委书记朱炳文同志，校长陈国庆教授，副校长张吉维教授、高光来教授、额尔很巴雅尔教授始终关心关注这项工作，多次询问研究、出版进展，学校并以“双一流”建设经费予以科研资助。中共呼伦贝尔市委书记于立新同志对该项目给予了高度重视和大力支持，多次听取项目组工作汇报，帮助解决诸多实际困难，有力保障了该项目的顺利实施。内蒙古自治区社会科学院院长李春林研究员亲临研讨会，给予指导帮助。中国社会科学院考古研究所的各位领导对该项目始终给予关心和支持，陈星灿所长多次听取项目工作汇报，积极推动本套书的编辑和出版工作。中国历史研究院副院长李国强研究员对该项目给予了学术指导和热情帮助。中国科技出版传媒股份有限公司（科学出版社）副总经理闫向东先生、文物考古分社副社长孙莉女士，高度重视项目进程，并在2017年底将项目确立为出版社的重大项目，极大鼓舞了编写者的士气。同时还为每本图书配备了优秀编辑，积极协调出版事宜，为图书出版提供了有力保障。各卷责任编辑审读校阅，纠错证谬，确保了出版质量。新华通讯社记者李贺、中国新闻社记者孙自法、人民政协报记者付裕、中国社会科学网记者齐泽垚、中国社会科学报记者杨阳、中国文物报记者郭晓蓉等不辞辛劳，追踪项目进展，连续深度报道，提升了该项目的学术和社会影响力。工作组精心组织，周到安排，辛勤付出，全力配合，使历次研讨会成功举办，统稿工作顺利进行，摘要英译、选图配图等取得良好效果，为整体研究工作的顺利进展提供了坚强有力的保障。各卷的英文摘要由中国社会科学院考古研究所蒙古族源研究中心学术秘书王珏女士翻译，美国华盛顿大学王海城副教授审定，特此致谢！总之，在编写该书过程中，支持帮助过我们的人还有很多，难免挂一漏万，要讲的话也一时言不尽意，在此，我们一并表达崇高的敬意和由衷的谢忱！

历史的机缘、共同的学术志趣使我们成为合作者。值得欣慰的是，在收获学术果实的同时，我们也收获了友情、亲情。这一过程中的耳闻目睹、酸甜苦辣丰富了我们的人生阅历和感受，团结融洽、勇于担当、相互砥砺、理解包容成为我们共同的精神财富。

《中国古代北方民族史》编写组

2021 年 6 月